TERAPIA COGNITIVA CONDUCTUAL

PARA LA DEPRESIÓN

Una guía completa para principiantes de TCC para superar la depresión, el trastorno bipolar, la ansiedad grave, el ataque de pánico y el mantenimiento de la salud mental

Cathrine Kowal

Tabla de Contenidos

Introducción

¿ Conoces a alguien que sufre de depresión, ansiedad, ataques de pánico o cualquier perturbación psicológica que influya en el comportamiento?

Con el nivel de estrés que parece bombardear a todo el mundo desde todas las direcciones, parece normal que cualquier persona en un momento u otro pueda experimentar cualquiera de estos. Al adoptar la Terapia Cognitiva Conductual (TCC), usted será consciente de sus pensamientos, emociones y comportamiento y será capaz de dominarlos.

La TCC es un tipo de tratamiento psicoterapéutico que te ayudará a entender pensamientos y sentimientos que influyen en las conductas y se utiliza comúnmente en el tratamiento de una amplia gama de trastornos incluyendo depresión, trastorno bipolar, ansiedad grave, ataque de pánico, y mantener la salud mental. También se utiliza para tratar fobias y adicciones.

Este tipo de terapia es generalmente a corto plazo en la naturaleza y se centra en ayudar a los enfermos a lidiar con un problema muy específico. Mientras que en el curso del tratamiento, los enfermos aprenden a identificar y alterar patrones de pensamiento destructivos y perturbadores que tienen influencias negativas en el comportamiento y la emoción del enfermo.

Uno de los principales focos de la Terapia Cognitiva Conductual es alterar el pensamiento negativo automático que contribuye en gran medida a los sufrimientos emocionales junto con la ansiedad y la depresión. Tal pensamiento negativo que puede presentarse en cualquier momento y se cree que es verdadero tienden a afectar el estado de ánimo de la persona negativamente.

Con la TCC, usted debe examinar estos pensamientos y se le anima a examinar elementos de evidencia de hechos que podrían apoyar o refutar estos pensamientos. Al hacerlo, tiendes a ser más objetivo y realista en tu perspectiva y ser más atractivo en actividades mentales saludables.

Este libro tiene como objetivo proporcionarle una guía definitiva para entender la Terapia cognitiva del comportamiento y combatir los efectos negativos de trastornos y trastornos psicológicos, incluyendo:

- Depresión
- Trastorno bipolar
- Ansiedad grave
- Ataque de pánico

¡Entiende la Terapia cognitiva y supera las principales dificultades de la vida!

Capítulo 1

Comprender la TCC

❋ ❙ ❋ ❙ ❋ ❙ ❋ ❙ ❋ ❙ ❋ ❙ ❋ ❙ ❋ ❙ ❋ ❙ ❋ ❙ ❋ ❙ ❋ ❙ ❋ ❙ ❋

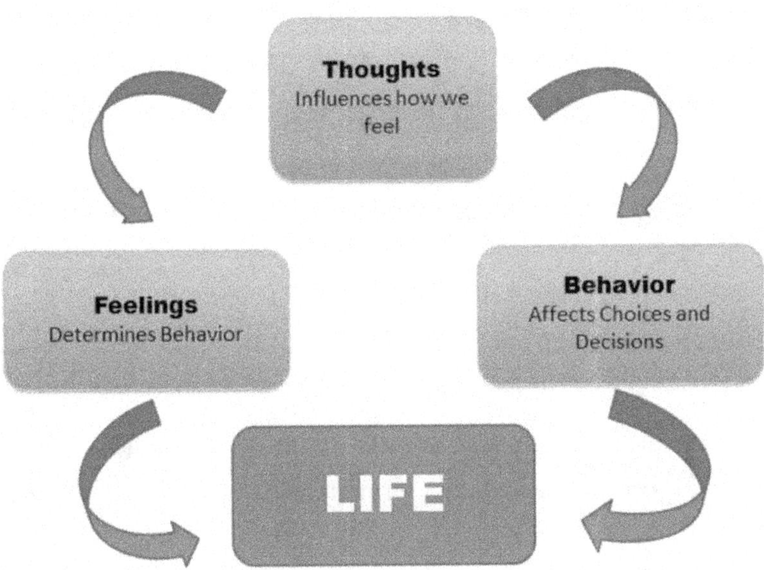

¿Qué es TCC?

La Terapia cognitiva del comportamiento (TCC) es un tipo de tratamiento de conversación que implica enfocarse en las emociones, los pensamientos y el comportamiento de un individuo mientras le enseña habilidades para hacer frente a diversos desafíos y problemas en la vida. Se basa en la idea de que la forma en que pensamos (pensamientos), sentimos (emoción) y actuamos (comportamiento) están estrechamente interrelacionadas.

Este tipo de tratamiento combina el examen de pensamientos (terapia cognitiva) y cosas que hace una persona (terapia conductual). El concepto subyacente detrás de la TCC es el hecho de que los pensamientos y emociones humanas juegan un papel importante en su comportamiento.

El pensamiento negativo y poco realista puede traernos estrés que nos hace angustiarnos o deprimirnos. Esto en última instancia se convierte en un problema si no se le presta atención. Una vez que una persona sufre de angustia psicológica, la forma en que piensa se vuelve torcida y distorsionada y puede tener un impacto negativo en sus acciones.

Para ilustrar, una persona que pasa mucho tiempo viendo películas de terror y leyendo libros sobre suspenso y thrillers es más probable que tenga miedo de dormir sola o sin luces encendidas. Pueden ponerse fácilmente paranoicos por nada.

El objetivo principal de la TCC es que las personas se tomen conciencia cuando se encuentran en esta situación, por ejemplo, hacer interpretaciones negativas y también hacerlas conscientes de un patrón de comportamiento existente que reaplicaeste pensamiento negativo. La TCC nos ayuda a desarrollar formas alternativas de pensar para reducir la angustia psicológica provocada por el pensamiento negativo y poco realista.

El objetivo del tratamiento es enseñarnos que si bien no tenemos mucho control sobre algunas situaciones a las que nos encontramos, podemos tomar el control de cómo las interpretamos y tratamos con ellas.

En pocas palabras, TCC te enseña a encargarte de tus pensamientos, emociones y comportamiento para una mejor experiencia. Al dirigirse a sus respuestas y reacciones a situaciones, la TCC puede ayudarle a reaccionar de manera más eficaz a problemas y situaciones difíciles. De esta manera, aprenderás a sentirte mejor cuando las situaciones se vuelvan incontrolables.

Terapia de Comportamiento Cognitivo está ganando cada vez más popularidad entre los consumidores de salud y proveedores de tratamiento en los últimos años debido a su asequibilidad. Debido a que generalmente es un tratamiento a corto plazo, es más rentable en comparación con otros tipos de terapia.

Problemas psicológicos en los que la TCC puede ser aplicable

Piezas de evidencia sugieren que la TCC se puede utilizar para un tratamiento eficaz para una amplia gama de problemas y trastornos psicológicos, incluyendo:

- Ansiedad Crónica
- Fobias
- Ataques de pánico
- Trastorno límite de la personalidad

- Problemas de ira

- Depresión

- Trastorno de estrés postraumático (PSTD)

- Drogas y alcoholismo

- Trastorno obsesivo compulsivo (TOC)

- Psicosis

- Problemas de sueño

- Problemas sexuales y de relación

- Trastorno alimentario

- Esquizofrenia

La TCC también puede ayudarte a descubrir nuevas formas de enfrentar problemas de salud física como:

- Dolor crónico

- Síndrome de fatiga crónica

- Hábitos

- Tics faciales

- Problemas generales de salud

¿Dónde se originó la TCC?

La terapia cognitiva conductual habla sobre cómo nuestros pensamientos influyen en cómo nos sentimos. Estoy seguro de que puedes relacionarte y pensar en varios ejemplos en los que has pensado en algo y al instante cambió tu estado de ánimo.

Beck propuso que la forma en que pensamos influye en cómo nos sentimos y cómo nos sentimos determina cómo nos comportamos. Y cómo nos comportamos influye en la forma en que vivimos nuestra vida diaria y en las decisiones que tomamos en ella.

> *La forma en que pensamos influye en cómo nos sentimos; cómo nos sentimos determina cómo nos comportamos; y cómo nos comportamos influye en nuestras decisiones y en cómo vivimos nuestras vidas.*

Un ejemplo perfecto de esto sería considerar cualquier fobia que pueda tener. ¿Cómo han influido esas fobias en tu comportamiento y en tus decisiones? Lo desafortunado es que lo que tememos nos limita. Si tienes miedo de los insectos, no es probable que te veamos afuera en las selvas del amazonas. Si tienes miedo de volar, probablemente viajarás sobre todo en coche, ¿verdad?

En muchos casos, este miedo puede llegar a ser debilitante y limitar nuestra calidad de vida. Por esa razón, podríamos querer trabajar con alguien para superar este miedo paralizante. Quieren ser capaces de superar su miedo y recuperar la plena calidad de vida.

Es por esta razón que la gente busca terapia. Quieren la ayuda de un profesional que tiene la respuesta para ayudarles a liberar sus miedos. Una de las maneras de trabajar con ansiedad incluyendo la depresión es la terapia cognitivo-conductual.

Es por esta razón que la gente busca terapia. Quieren la ayuda de un profesional que tiene la respuesta para ayudarles a liberar sus miedos.

La teoría detrás

La Terapia Cognitiva Conductual se basa en la idea de que la forma en que un individuo piensa acerca de una determinada situación puede afectar la forma en que se siente y se comporta. Así que si usted tiene esta tendencia a interpretar una situación en su punto de vista negativo, entonces esto puede llevara a experimentar emociones negativas. Estas emociones negativas eventualmente afectarán tu comportamiento.

Se reconoció que los problemas emocionales se derivaban de creencias irracionales. Así que si usted está experimentando emociones negativas como la infelicidad, la ira o la ira, es debido a creencias irracionales. Las ideas que son defectuosas se hacen reales porque creemos que son la verdad.

Tomemos, por ejemplo, que hay niños que odian a sus padres porque creen que sus padres favorecieron a otros hermanos más que a ellos. No podría ser la realidad, sino que porque les creen, perciben esto negativo como una realidad. Como resultado de estas ideas mal concebidas debido a creencias erróneas, estos niños crecen desarrollando amargura y odio en su corazón hacia sus padres y hermanos.

Cuando una persona tiene malos sentimientos, el comportamiento también se vuelve negativo y por lo tanto el desarrollo de un trastorno conductual que necesita ser tratado. En tal caso, la persona tiene que ver el valor de ver a un terapeuta.

Al aceptar el hecho de que algo en ti necesita ser cambiado, debes trabajar duro para contrarrestar creencias irracionales, sentimientos disfuncionales y malos comportamientos. En otras palabras, usted tiene que ser responsable de hacer el cambio usted mismo y practicar el nuevo comportamiento hasta que se convierta en la segunda naturaleza.

Ideas irracionales desde la perspectiva de la TCC

Las ideas irracionales conducen a un comportamiento contraproducente. Por ejemplo, anhelaste la aprobación, el amor y la atención de personas significativas en tu vida. Sin embargo, no necesariamente se sigue que todas estas personas te darán lo que anhelas. De hecho, hay quienes nunca te darán su atención y aprobación y mucho más con su amor. Esto puede ser desafortunado de tu parte, pero esto es vida. No podemos tener todo en la vida. No podemos conseguir todo lo que queremos.

Qué lógico es que a todos les guste nuestra aprobación de usted. No lo es. Hay gente que nunca te dará su aprobación. Así es la vida. La gente tiene que usar esa idea para no verse afectada negativamente cuando se rechaza.

Otro ejemplo es cuando crees que necesitas realizar perfectamente todo lo que vas a hacer. Esta idea puede deberse a tu infancia cuando tienes padres perfeccionistas que siguieron diciéndote que lo hagas o que te comportes a la perfección. Este tipo de idea ha estado arraigada durante mucho tiempo en tu pensamiento que creías que era la realidad para que cuando cometes un error, crea en ti un gran impacto emocional. Tal comportamiento podría resultar en su evitación de socializar con otros o esperar que otros lo hagan todo perfectamente.

Tal idea es absurda ya que nadie es perfecto. Incluso los entrenadores, maestros y terapeutas cometen muchos errores, lo que hace que aprender sea un proceso continuo. Está bien. Todos tenemos nuestra propia parte de imperfecciones. Lo que cuenta aquí es la idea de que todos estamos trabajando duro por la perfección, incluso cuando parece inalcanzable.

El pensamiento negativo puede comenzar desde sus días de infancia en adelante. Por lo tanto, si carece de la atención o el aprecio que necesita de sus padres o maestros en la escuela, es más probable que piense que no es lo suficientemente bueno. Con el tiempo, esta suposición se convertirá en su creencia que se convertirá en automática a medida que llegue a ser un adulto. Esta forma de pensar afectará entonces cómo te sientes en el trabajo o en la universidad, e incluso en tu vida diaria.

Si estas suposiciones negativas no son desafiadas, entonces estos pensamientos negativos, emociones y comportamiento se convertirán en un ciclo normal y se integrarán con su rutina normal.

Los esfuerzos en el tratamiento de la TCC están orientados a cambiar los patronesde **pensamiento.** Las estrategias utilizadas pueden incluir:

- Reconocer el pensamiento distorsionado que desencadena problemas y reevaluar entonces a la luz de la realidad.

- Obtener conciencia y una mejor comprensión del comportamiento

- Utilizar las habilidades de resolución de problemas para resolver problemas

- Desarrollar una mayor sensación de confianza en las habilidades

Por otro lado, el tratamiento de la TCC también implica esfuerzos para cambiar los **patrones**decomportamiento.

- Los cambios en el patrón conductual también se consideran y las estrategias pueden incluir:

- Enfrentar tus miedos en lugar de evitar

- El juego de roles te prepara para una interacción potencialmente problemática con las personas

- Aprender a calmar tus pensamientos y sentidos

Sin embargo, no se utilizan todas las estrategias mencionadas. Se requiere colaboración entre el psicólogo y la persona que busca tratamiento o asistencia. Esto es para desarrollar una comprensión de la cuestión y juntos el desarrollo de una estrategia de tratamiento que puede funcionar eficazmente para la condición específica.

Asunción general

El enfoque cognitivo cree que un comportamiento inusual de una persona (anormalidad) es el resultado de cogniciones defectuosas (concepto sin error) sobre la vida, las personas y el yo. Este pensamiento mal concebido puede ser debido a deficiencias cognitivas debido a la falta de planificación o distorsión cognitiva. La distorsión cognitiva se produce y la información se procesa de forma incorrecta).

Tales cogniciones distorsionan la forma en que vemos las cosas y mientras interactuamos con el mundo a través de nuestra representación mental, cualquier inexactitud en nuestras representaciones mentales o cualquier ineptitud en nuestras formas de razonamiento resultará en un trastorno emocional y conductual,

A través de la TCC, los terapeutas están enseñando las maneras de los clientes de identificar las cogniciones distorsionadas a través de un proceso de evaluación. Los clientes luego aprenden a separar los pensamientos de la realidad y eventualmente aprenden la influencia de la cognición en sus emociones. También se les enseña a reconocer, analizar y monitorear sus patrones de pensamiento.

Esta terapia conductual implica poner en casa obras como llevar un diario de pensamientos y una serie de actividades que les ayudarán a desafiar su propio pensamiento irracional y creencias.

La conclusión es que la persona identifique sus propios pensamientos negativos y creencias inútiles y demuestre que están equivocados. A medida que comienzan a cambiar a una creencia más positiva, su perspectiva en la vida también cambia.

Tipos de Terapia cognitiva del comportamiento

Existen tipos específicos de terapia que utilizan regularmente los profesionales de la salud mental que involucran la TCC.

Terapia Emotiva Racional (REBT)

Este tipo de enfoque de tratamiento se centra en identificar y cambiar creencias que son bastante irracionales. El proceso de REBT implica:

- Identificar estas creencias irracionales

- Desafiar estas creencias

- Aprender a reconocer y alterar los patrones de pensamiento negativo

Terapia Cognitiva

La terapia cognitiva se centra en señalar y alterar patrones de pensamiento distorsionados e inexactos, comportamientos y respuestas emocionales.

Terapia multimodal

En este enfoque de la TCC, los psicológicos se tratan inicialmente abordando las siguientes siete modalidades diferentes pero interconectadas:

- Comportamiento

- Imágenes

- Sensación

- Afectan

- Factores interpersonales

- Respuestas emocionales

- Consideraciones sobre medicamentos y biológicas

Teoría del comportamiento dialéctico

Este enfoque de la TCC aborda los comportamientos y los patrones de pensamiento al tiempo que incorpora estrategias como la regulación de las emociones y la adopción de la técnica Mindfulness.

Cada tipo de TCC ofrece un enfoque que es único para ellos y se centra en abordar los patrones de pensamiento subyacentes que contribuyen a la angustia psicológica.

Ventajas de adoptar la TCC

La TCC está orientada a objetivos

A diferencia de otras formas de terapia de conversación, la TCC está orientada a ayudarte a alcanzar tus metas, que puede ser cualquier cosa, desde encontrar una carrera adecuada hasta alejarte de la depresión y la ansiedad. Una vez que se alcance su objetivo, usted puede decidir junto con su terapeuta para terminar el tratamiento si no hay nada que trabajar en.

La TCC se centra en el presente

La TCC se centra generalmente en situaciones actuales y dificultades que de alguna manera son angustiosas. Al centrarse en el aquí y ahora, le permite resolver los problemas actuales de manera más eficaz y rápida. Cuando usted es capaz de identificar desafíos específicos y centrarse en ellos de una manera estructurada y consistente, esto puede resultar en lograr mayores ganancias de tratamiento en un período más corto en comparación con la terapia de conversación tradicional.

TCC está activo

La TCC requiere que colabores con un terapeuta y trabajes en equipo en la identificación de problemas y soluciones. En lugar de esperar a que la situación mejore utilizando repetidas charlas sobre el tema, se le permite tomar un papel activo en el tratamiento con la ayuda de herramientas de TCC y tareas entre sesiones para acelerar el tratamiento. Cada una de esas sesiones se centra en determinar formas de pensar de manera diferente mientras no aprende sin aprender respuestas no deseadas.

TCC está limitado en el tiempo

Otros tipos de terapia están abiertos en términos de plazo y no tienen una fecha de finalización definida establecida especialmente terapia de conversación. Con la TCC, el objetivo es dejar la terapia en un cierto punto que suele ser de 14-16 meses. Generalmente, una persona que se somete a terapia tarda ocho semanas en ser competente en las habilidades que se les proporcionan en las sesiones de terapia y comprender razonablemente cómo funciona.

Durante esas sesiones, la persona generalmente observa una reducción significativa de los síntomas. Por lo tanto, entre 8-12 semanas, aquellos sometidos a tratamientos de TCC a menudo experimentan una remisión de los síntomas. A partir de ahí, continúan con las prácticas aprendidas y abordan cuestiones relacionadas con el cese de la terapia.

Sin embargo, los casos más graves tardan más en resolverse. Para ayudar a reducir el riesgo de recaídas y proporcionarles actualizaciones para hacer uso de las habilidades básicas de la TCC, a veces se recomiendan sesiones de refuerzo.

Una vez que sientas un alivio significativo de los síntomas y hayas desarrollado la habilidad para hacerlo por tu cuenta sin la ayuda de tu terapeuta, puedes poner fin a tu TCC, lo que hace que sea más corto en duración en comparación con la terapia de conversación tradicional que generalmente dura años.

Las personas que están usando TCC pudieron poner fin a su TCC después de unos pocos meses de usarlo. Sin embargo, no todos están haciendo los mismos progresos significativos. Hay algunos que todavía necesitan terapia adicional para crear un cambio duradero o reducir los síntomas.

Hay quienes necesitan más de seis meses o años de TCC continua. Por lo general, son aquellos con problemas psicológicos crónicos. Sin embargo, incluso en tal caso, la TCC es generalmente más eficaz y de menor duración que en la terapia de conversación tradicional.

La TCC está respaldada por la ciencia

Más de 500 estudios han demostrado la eficacia de la Terapia Cognitiva Conductual para innumerables problemas médicos y psicológicos – y es uno de los pocos tratamientos que están respaldados por la ciencia.

Apoyo

Lograr algo que es diferente de lo que se considera normal durante mucho tiempo es bastante difícil. Con esto en mente, los terapeutas cognitivos del comportamiento se dedican a ayudar al cliente a lo largo del proceso a su propio ritmo mientras les proporciona una relación cálida y cariñosa. Con este tipo de entorno, el cliente se siente más cómodo saliendo de su zona de confort con el fin de lograr su objetivo.

Pasos importantes que implican en el proceso de TCC

Por lo general, la Terapia Cognitiva Conductual incluye estos pasos:

Identificación de problemas o condiciones subyacentes

Un problema como una afección médica, dolor, divorcio, ira o síntomas de enfermedad mental pueden ser causas subyacentes de una enfermedad conductual. Al principio, debe proporcionar a su terapeuta información personal, así como la historia clínica para ayudar a identificar la posible causa subyacente del problema conductual.

Ser consciente de los pensamientos, emociones y creencias

Después de que puedas identificar los problemas en los que trabajar con la ayuda de tu terapeuta, te animamos a compartir tus pensamientos sobre estos asuntos. Recuerde que la TCC es terapia de conversación, por lo que se le anima a contar más acerca de sí mismo, incluso de aquellos que usted piensa que no está relacionado con el problema. Pero principalmente, tu auto-habla debe incluir, aunque no limitado a compartir tus pensamientos sobre ti mismo, experiencias, interpretaciones y creencias sobre ti mismo, otras personas y eventos. Con esto, su terapeuta le pedirá que lleve un diario de sus pensamientos y acciones a diario.

Identificación de pensamientos negativos y creencias erróneas

Esto es para ayudarle a reconocer patrones de pensamiento y comportamiento que pueden estar contribuyendo al problema de comportamiento. El terapeuta te animará a concentrarte en tus reacciones físicas, emocionales y conductuales de las respuestas en diversas situaciones.

Pensamientos o emociones que refuerzan creencias defectuosas pueden resultar en comportamientos problemáticos que en última instancia afectan a numerosas áreas de la vida, incluyendo la carrera, la familia, las relaciones y el estudio.

Esto es evidente en una persona que sufre de baja estima que carece de confianza en sí mismo que surge de pensamientos negativos que crearon creencias defectuosasabo ut ut sus habilidades o apariencia. Como resultado, este pensamiento negativo puede conducir a comportamientos problemáticos como la persona podría terminar siendo antisocial y desafiando oportunidades de avances en todas las áreas de la vida.

Para combatir tales pensamientos y comportamientos destructivos, un terapeuta cognitivo-conductual puede comenzar permitiendo que la persona identifique la razón subyacente de su sufrimiento, como señalar una creencia problemática. En esta etapa del análisis funcional, es una parte importante del proceso de aprendizaje para conocer pensamientos, emociones y situaciones contribuyen a comportamientos de maladaptive. Aunque el proceso no es fácil especialmente para aquellos que están luchando con la introspección, en última instancia puede resultar en el autodescubrimiento y perspectivas que son significativas para el proceso del tratamiento.

Centrarse en los comportamientos reales

Lo que viene después del análisis funcional es centrarse en los comportamientos reales que sirven como la causa subyacente del problema.

En este punto, la persona comienza a aprender y ejecutar nuevas habilidades que pueden ser aplicables a situaciones de la vida real. Así que si una persona está sufriendo de depresión, entonces debe comenzar a practicar nuevas habilidades de afrontamiento para hacer frente a situaciones sociales que potencialmente pueden desencadenar una recaída.

En la mayoría de los casos, la Terapia Cognitiva Conductual se implementa gradualmente para ayudar a la persona a dar pasos incrementales hacia un cambio de comportamiento. Para aquellos que sufren de ansiedad, pueden comenzar simplemente visualizándose en una situación que provoca ansiedad.

Después de que la persona es capaz de hacer frente al ejercicio de visualización, puede proceder entrando en conversaciones con familiares, amigos y conocidos. A través de un ejercicio progresivo que trabaja hacia un objetivo más grande, el proceso parece menos desalentador, haciendo que el objetivo sea más fácil de lograr para la persona que sufre de un problema psicológico específico.

Remodelación del pensamiento negativo e inexacto

En este punto, el terapeuta le preguntará sobre sus puntos de vista de la situación particular basada en una percepción inexacta. Esto puede ser un paso difícil después de obtener patrones de pensamiento de larga data sobre ti y tu vida. Sin embargo, con suficiente práctica, el pensamiento útil y los patrones de comportamiento pronto se convertirán en un hábito y ya no se necesitaría mucho esfuerzo para implementar o practicar.

TCC es una herramienta útil para abordar los desafíos emocionales, por lo que si usted está en necesidad de lo siguiente, entonces TCC es para usted.

- Para hacer frente al dolor, la pérdida o la muerte de un amado

- Prevenir una recaída de los síntomas de la enfermedad mental

- Cope con una enfermedad médica

- Controlar los síntomas físicos crónicos

- Superar el trauma emocional relacionado con la violencia o el abuso

- Resolver conflictos de relación para una mejor comunicación

- Controlar los síntomas de una enfermedad médica

- Identificar formas de manejar las emociones

- Aprender técnicas para hacer frente al estrés y situaciones estresantes

- Gestionar problemas de alimentación.

Capítulo 2

El Modelo ABC

❀ ❀ ❀ ❀ ❀ ❀ ❀ ❀ ❀ ❀ ❀ ❀ ❀

Significante a la Terapia Cognitiva del Comportamiento es la Técnica ABC de Creencias Irracionales. El uso de esta herramienta puede ayudar al terapeuta en el análisis del proceso que conduce al desarrollo de creencias irracionales en una persona. Esto se puede registrar en una tabla de tres columnas.

A – Antecedente (Activación de eventos u situación de objetos)

Esta es la primera columna donde se registra la situación objetiva. Establece el evento que crea una respuesta alta emocional o desarrolla un pensamiento disfuncional negativo.

Esto en realidad se refiere al entorno o al evento que precede al comportamiento objetivo o comportamiento de interés que se está analizando en el tratamiento. El antecedente esencialmente proporciona el desencadenante de un determinado comportamiento.

Cualquier cosa puede ser un antecedente. Podría ser un comentario de otro person en presencia de otros. Los cambios de entorno también pueden ser un antecedente común.

B - Creencias

Este es un registro de todos los pensamientos negativos que ocurren que se relacionan con el evento o situación.

C - Consecuencias

Este es el registro de todos los sentimientos negativos y comportamientos disfuncionales que ocurrieron después después de los enumerados en la columna dos.

Mientras que los mencionados en la segunda columna son vistos como el vínculo entre la situación y las emociones angustiosas, los elementos de la tercera columna se explican como emociones o pensamientos negativos que la persona piensa que son causados por A. Esto podría ser tristeza, ansiedad, ira, etc.

En Análisis de comportamiento aplicado, estos 3 elementos - antecedente, comportamiento y consecuencia proporcionan lo que se consideran los bloques de creación en la comprensión, análisis y el potencial de cambiar el comportamiento o la acción de uno. El análisis del comportamiento a través del modelo ABC se incluye en una evaluación funcional integral del comportamiento.

A es acción. B es la creencia. C es consecuencia. Así que cuando algo sucede en tu vida típicamente algo traumático fueron los menos memorables, desarrollas una creencia a partir de esa experiencia. Te aferras a eso y asumes que esa es tu realidad. Como resultado, vives las consecuencias de esa creencia, respetando y en línea con esa creencia.

Por ejemplo, recuerda una época en la que estabas en la escuela secundaria y un amigo pasó por aquí. Dijiste "hola". Ella no respondió ni devolvió el saludo. En vez de eso, siguió caminando junto a ti sin reconocer tu presencia. La idea que entonces podría aparecer en tu cabeza es que tal vez no le gustabas. Los sentimientos emocionales que tendrías entonces serían la sensación de rechazo y tal vez tristeza.

Físicamente, es posible que hayas sentido dolor en el corazón o un pinchazo en tu ego. Tu próxima acción sería evitarla la próxima vez. Incluso puede hacer un punto para no hablar con ella a propósito cuando la vio.

Ese es solo un ejemplo para ilustrar la situación. Si vas a un terapeuta, podrían ayudarte a desglosarlo para identificar el proceso de pensamiento que te llevó a tu situación actual.

Pero, ¿y si la situación es así? Estás caminando por el pasillo y estás teniendo un mal día mientras pasaste junto a tu amiga que te ignoró. Tal vez estabas pensando que no está de buen humor y ella ignorando que no era intencional o tal vez ella estaba atrapada en sus propios pensamientos. Entonces empiezas a preguntarte si ella está bien.

La sensación emocional de estar herido o incluso enojado en ti podría haber cambiado. Cuando antes de que creyeras que podrías sentirte rechazado y que te enojaste al pensar que tu amigo te había descuidado. La siguiente acción sería llamarla después de la escuela para ver si está bien. ¿Puede ver cómo estos dos escenarios son diferentes?

Todo esto se reduce a cómo piensas y ves el mundo que te rodea. La terapia cognitiva conductual te ayuda a evaluar diferentes procesos e ideas de pensamiento en función de lo que ves y cómo interpretas esas situaciones de una manera completamente diferente. Esto es muy buena noticia porque la percepción es una realidad y si podemos empezar a analizar la forma en que percibimos las cosas y hacemos un cambio, descubriremos que nuestras vidas comenzarán a mejorar sólo por la forma en que percibimos el mundo que nos rodea.

Ventaja y desventaja del modelo TCC

El Modelo ABC es uno de los métodos más simples de observación conductual, ya que permite a alguien observar al individuo que necesita terapia de una manera que pueda ser transferida fácilmente a aquellos que no estaban presentes en ese momento. Del mismo modo, ofrece una visión de su entorno.

Una ventaja, aunque del modelo ABC es que lleva tiempo. Se muestra que la grabación de instancias de comportamiento produce resultados solo después de varias entradas. A veces, los patrones en los antecedentes y las consecuencias no están claros, lo que lleva a dibujar una solución incorrecta.

El Modelo ABC permite a alguien en la observación del individuo grabar comportamientos de manera fácil y clara, de una manera que se puede transferir fácilmente a aquellos que no estaban presentes en el momento. Es uno de los métodos más simples de observación conductual. También ofrece información sobre el entorno del individuo.

En los casos en que hay varios problemas (comportamientos problemáticos) o eventos antecedentes, resumir el modelo puede ser una tarea tediosa y difícil.

Capítulo 3

Cómo Funciona TCC

El proceso de la terapia de TCC es bastante simple. Básicamente, un terapeuta te ayuda a reconocer las creencias falsas que tienes sobre ti y tu entorno y las reemplaza con opciones más saludables que reflejen con precisión la realidad. Por ejemplo, podrías tener algunos pensamientos de desesperanza o indignidad y crees que la vida está fuera para "conseguirte". O podrías estar obsesionado con tus defectos e incapaz de ver algo bueno sobre ti mismo.

La TCC lleva a la superficie su conciencia de estos problemas. Te hace enfrentar a esos demonios y lidiar con ellos de frente. Una vez que tienes el hábito de sacar a la luz problemas negativos y lidiar con ellos, TCC te enseña cómo cambiar los pensamientos negativos y destructivos para obtener más poder, positivos. A medida que tu actitud cambia, también lo hace tu comportamiento. Este cambio sutil puede mejorar los síntomas de la depresión.

Para ilustrar, tal vez has sido condicionado a pensar sólo en pensamientos negativos sobre ti mismo. TCC le ayudará a volver a conectar inmediatamente esos pensamientos negativos.

Un ejemplo perfecto de esto sería considerar cualquier fobia que pueda tener. ¿Cómo han influido esas fobias en tu comportamiento y en tus decisiones? Lo desafortunado es que lo que tememos nos limita. Si tienes miedo de los insectos, no es probable que te veamos afuera en las selvas del amazonas. Si tienes miedo de volar, probablemente viajarás sobre todo en coche, ¿verdad?

En muchos casos, este miedo puede llegar a ser debilitante y limitar nuestra calidad de vida. Por esa razón, podríamos querer trabajar con alguien para superar este miedo paralizante. Quieren ser capaces de superar su miedo y recuperar la plena calidad de vida.

Es por esta razón que la gente busca terapia. Quieren la ayuda de un profesional que tiene la respuesta para ayudarles a liberar sus miedos. Una de las maneras de trabajar con ansiedad incluyendo la depresión es la terapia cognitivo-conductual.

La práctica continua del proceso de TCC le guiará lentamente hacia una mejor calidad de vida. A veces toma un tiempo, pero usted comenzará a sentirse mejor y eventualmente seguir adelante con su vida. Sin embargo, esto requiere un esfuerzo constante sobre una base diaria para mejorar. No es una píldora mágica o algo que puedas hacer una vez y estás curado para siempre. Con la mayoría de las cosas, toma acciones consistentes.

Manejo de la depresión con TCC

Las personas prosperan en entornos que les ayudan a satisfacer sus necesidades sociales innatas. Como seres humanos, teníamos estas necesidades innatas. Tenemos un deseo insatinade de cumplirlos. Y cuando no los cumplimos, inevitablemente sufrimos. Es tranquilizador que los enfermos sepan que no se trata sólo de lo que tienen dentro de sus mentes, sino que también tiene algo que ver con la medida en que su entorno ayuda a satisfacer sus necesidades. Es importante tomar medidas para identificar y satisfacer estas necesidades. Para las personas que satisfacen sus necesidades, son menos propensas a sufrir depresión o ansiedad.

La ansiedad es una señal de que no estás satisfaciendo tus necesidades de alguna manera. La forma en que nos sentimos no es sólo una respuesta a la forma en que las cosas están en el mundo, sino también cómo les damos sentido. Las emociones fuertes surgen como un pensamiento posterior porque ocurren pensamientos que puedes sentir. A menudo es más fácil y más poderoso cambiar los sentimientos que es cambiar los pensamientos.

Esta Neurociencia contradice la TCC tradicional.

La hipnosis clínica es la mejor manera de cambiar los pensamientos. Así que para las fobias y el trastorno de estrés postraumático, no es una idea defectuosa que es el problema y la oportunidad de hacer progresos significativos solo con la TCC son remotas, pero no lo condenan por completo. Puede ser útil en condiciones menos traumáticas.

Las acciones, los pensamientos y las emociones están relacionados con la salud mental. A esto lo llamamos la rueda de salud mental. A medida que hagamos cambios en una zona de la rueda, las otras áreas también cambiarán. Podemos cambiar nuestras emociones y sentirnos mejor haciendo cambios en una de las otras áreas.

Generalmente, los pensamientos y las acciones son propicios para los cambios. Por lo tanto, la terapia cognitivo-conductual se centrará en cambiar estas dos áreas.

Ronald tiene 62 años que vive solo. Desde que su esposa, Rita murió hace tres años; se ha comprometido a ser voluntario en su comunidad local. Saluda a la gente en la puerta y organiza el evento semanal de bingo cada semana. Ronald siente un sentido de recompensa por ser voluntario, pero también disfruta de las interacciones sociales que siente con otros adultos en su comunidad. De hecho, Ronald ha hecho algunos buenos amigos. Juegan al bingo por teléfono y hablan regularmente.

Hace seis semanas Ronald se rompió la cadera después de caer de camino al centro comunitario. Ronald se operó y pasó tres semanas en el hospital. Antes de su alta, el médico le dijo a Ronald que podría tomar alrededor de un año para que él sane completamente. Ronald se ha estado recuperando bien, pero desarrolla este miedo de que vuelva a caer para que dejara de ser voluntario en el centro comunitario. Ha perdido interés en sus amigos y jugando a los juegos que se queda en la cama casi todo el día.

Ronald está mostrando síntomas de depresión. Ronald empieza a sentirse triste y desesperanzado. Cree que tal vez las cosas no mejoren para él. No quiere ser una carga, pero se siente inútil y no quiere molestar a sus amigos y dejó de llamarlos. Perdió su apoyo social, lo que se suma a sus sentimientos de deprimo. Basado en los pensamientos, emociones, salud y acciones de Ronald, Ronald podría estar sufriendo de depresión leve.

Analicemos la situación de Ronald. Sus pensamientos podrían ser así: "Todos mis amigos me han olvidado y como mi esposa se ha ido, estoy obligado a estar solo para siempre".

Los pensamientos impactan sus emociones y se siente triste y desesperanzado. Estas emociones negativas afectan aún más sus acciones que lo hicieron permanecer en la cama y dejar de llamar a sus amigos. Sus acciones también afectan su salud. Permanecer en la cama retrasa su rehabilitación de cadera. Al abstenerse de socializar, empeora su depresión. Por lo tanto, pensamientos, emociones y acciones todos conectados entre sí que afectan no sólo su salud mental, sino también su bienestar total.

Al apuntar a los pensamientos y acciones de Ronald, TCC puede ayudarlo con su depresión. Veamos cómo Ronald puede usar TCC para detener el tren de depresión en su camino.

Un día Ronald comienza a sentirse desesperado por su recuperación de la cirugía. Aprendió a través de una de sus sesiones de terapia de TCC que cuando se siente deprimido debe dedicarse a una actividad agradable. Ronald decide llamar a uno de sus amigos del centro comunitario. Esta es una acción positiva. Su amigo contesta el teléfono y dice, "Ronald es tan agradable saber de ti. Todos nosotros en el centro comunitario estábamos preocupados por ti".

Ronald se sintió aliviado al saber que sus amigos no se han olvidado de él. Esto afecta sus pensamientos y Ronald cree que no está solo después de todo. Los pensamientos de Ronald impactan sus emociones. Pensar en sus amigos y darse cuenta de que no está solo lo hace feliz. Las emociones de Ronald ayudan a mejorar su salud. Ahora, está motivado para ver a sus amigos en el centro comunitario de nuevo. Trabaja duro para mejorar su salud para poder volver con sus amigos. Ronald fue capaz de identificar acciones que le ayudaron a detener el tren de la depresión en sus vías. Con la práctica y la ayuda de un terapeuta, Ronald comienza a sentirse menos deprimido con el tiempo y a tomar mejores decisiones sobre cómo cuidarse a sí mismo.

Los métodos de TCC se enfrentan a creencias irracionales, lo que requiere que sean analizados para su validez. Por ejemplo, si una persona está aterrorizada de cruzar la carretera porque cree que va a ser atropellada por un auto, el terapeuta podría preguntarle a esa persona con qué frecuencia las personas son atropelladas dentro de un año. Usted puede descubrir que es una población muy pequeña y que la esfera es más grande que la realidad. Esto es lo que llamamos creencias irracionales. Cuanto más cruces la carretera y veas que es poco probable que te atropelle un coche, más seguro estarás de que es menos probable que suceda y lo que solías creer que era defectuoso. Sin embargo, usted tiene que estar dispuesto a participar en la terapia para que funcione. Si no estás dispuesto a cruzar la carretera en absoluto, nunca sabrás que es seguro hacerlo.

Cruzar la carretera es un ejemplo de hacer la tarea requerida en la terapia. El terapeuta puede llevarte a nuevas ideas, pero es tu responsabilidad desafiar esas ideas haciendo los ejercicios que tu terapeuta te está dando. No puedes hablar por miedo. Tienes que experimentar la esfera bajo un estímulo real para enfrentar y superar pensamientos deprimentes. Eso no significa que tengas que empezar al más alto nivel de miedo o en este caso cruzar la carretera. Tal vez comiences cruzando la calle frente a tu casa o cruzando caminos más pequeños o tu entrada. Entonces puedes construir algo más grande.

¿Quién puede beneficiarse de la TCC?

Cualquier persona que experimente depresión leve a moderada puede beneficiarse de la Terapia Cognitiva Conductual incluso en ausencia de medicamentos. Hay estudios de investigación que sugieren que un tratamiento combinado de TCC y medicamentos puede ser un tratamiento eficaz para la depresión mayor. La TCC también ha demostrado reducir las recaídas en pacientes que experimentan recaídas frecuentes después de pasar por otros tratamientos.

La TCC no solo es útil para las personas con un trastorno de salud mental. También puede beneficiar a aquellos que quieren aprender a manejar eficazmente el estrés que continuamente nos bombardea desde todas las direcciones.

Si bien hay otros tratamientos disponibles para los problemas cognitivos del comportamiento, la TCC es a menudo preferida por muchos psicoterapeutas, ya que puede ayudarlos rápidamente a identificar y hacer frente a problemas y desafíos específicos. Básicamente, la TCC requiere un menor número de sesiones que se compara con otros tipos de terapia conductual y se realiza de forma estructurada. La TCC se utiliza como una herramienta eficaz para abordar problemas emocionales y ayudarle con lo siguiente:

- Cope con dolor por la pérdida de alguien querido para usted

- Superar el trauma emocional como resultado de la violencia o el abuso

- Controlar los síntomas de las enfermedades mentales y prevenir las recaídas

- Aprender habilidades y técnicas para hacer frente a la crisis de la vida

- Resolver conflictos relacionados con problemas de relación y aprender a mejorar las formas de comunicarse

- Cope con una condición médica

- Controlar los síntomas físicos crónicos de los trastornos cognitivos conductuales

- Tratar enfermedades mentales cuando el tratamiento con medicamentos no es una buena opción

- Determinar formas de controlar y controlar las emociones

Aunque la TCC es un tratamiento independiente, en algunos casos, puede ser más eficaz cuando se combina con el tratamiento con medicamentos como el uso de antidepresivos.

Riesgo Implicación en la TCC

Existe un riesgo mínimo involucrado en tener terapia cognitivo-conductual. Si bien definitivamente explora emociones y experiencias que, a veces, podrían proporcionar molestias, esta sensación seguramente no durará mientras se ajuste más al método utilizado en el tratamiento. Usted puede llorar, enojarse o enfadarse cuando se somete a sesiones o puede dejarlo física y mentalmente agotado.

En algunas formas de TCC como en la Terapia de Exposición, es posible que debas enfrentarte a una situación que quieras evitar en la vida real, como caminar por las aceras cuando tienes miedo de ser aplastado por un vehículo incontrolado. Usted puede experimentar estrés y ansiedad temporal mientras está sujeto a tales situaciones desafiantes. Sin embargo, si su terapeuta es hábil, los riesgos se minimizan y usted adquirirá habilidades de afrontamiento que le ayudarán a superar las emociones negativas como el miedo.

Preparación para la TCC

Si decides probar la Terapia Cognitiva Conductual, a continuación te indicamos cómo empezar.

Busca un terapeuta. Si tiene tiempo suficiente para navegar por Internet, puede encontrar uno más cercano a su ubicación. También puede obtener alguna referencia de un amigo, un médico u otras fuentes de confianza.

Considere el costo. Hable con el terapeuta acerca de las opciones de alimentación y pago. Si tiene planes de cobertura de salud, descubra su cobertura, ya que algunas coberturas solo incluyen un cierto número de sesiones en un año.

Reevalúe sus preocupaciones.

Antes de comenzar un esfuerzo de colaboración con su terapeuta, debe tener preocupaciones definitivas para trabajar. Al proporcionar un punto de partida definido para trabajar, usted y su terapeuta podrían estar ahorrando algo de tiempo y podríaestar ahorrando dinero.

Comprobación de las cualificaciones de un terapeuta

Antes de decidir elegir un terapeuta, estos son algunos factores que debe tener en cuenta en su selección.

Antecedentes y Educación – Dependiendo de su educación y rile, un psicólogo capacitado puede tener una serie de títulos de trabajo. La mayoría de ellos tienen un máster o doctorado en psicología y consejería. Los médicos especializados en salud mental o psiquiatras pueden proporcionar psicoterapia y recetar medicamentos.

Areas de especialización – Asegúrese de que el terapeuta tenga una experiencia adecuada en el tratamiento de la TCC, especialmente en sus áreas de preocupación.

La clave es encontrar un terapeuta que sea hábil y tenga experiencia en la realización de la TCC para que coincida con su necesidad.

¿Qué puedes esperar?

La sesión de Terapia Cognitiva Conductual se puede llevar a cabo uno a uno, en grupos o en familia. También se puede hacer con otras personas con problemas similares. Las actividades pueden incluir:

Conciencia de tu enfermedad mental

Aprender, aplicar y practicar técnicas como cooping, relajación, manejo del estrés, resiliencia y asertividad.

En su terapia inicial

Al principio, espera que tu terapeuta profundice en tus antecedentes e historia, incluyendo tus experiencias, emociones, puntos de vista y opiniones sobre ciertos asuntos relacionados con tus áreas de preocupación. El objetivo del terapeuta es determinar la razón subyacente de su comportamiento en cuestión. Mientras que su terapeuta está evaluando su comportamiento y relacionando la información proporcionada sobre el problema, esta también puede ser una buena oportunidad para que usted conozca a su terapeuta también y vea si usted es un buen partido. Asegúrese de que puede comprender bien lo siguiente:

- El objetivo de su tratamiento

- ¿Qué enfoque adoptará su terapeuta para el tratamiento?

- ¿Qué opciones de tratamiento tienes?

- Cuánto dura cada sesión

- Duración objetivo de la terapia

Tenga en cuenta, sin embargo, que puede tomar una serie de sesiones antes de que su terapeuta tenga una comprensión completa de su preocupación o situación para ser capaz de determinar el mejor curso de acción a tomar. Si no te sientes cómodo con el terapeuta, intenta elegir a otra persona, ya que es importante que puedas trabajar cómodamente con tu terapeuta para que tenga éxito.

Cuando el TCC está en curso

Se le animará a hablar más sobre usted y el tema que le preocupa. Puede ser difícil para ti revelar completamente tus pensamientos y sentimientos internos, pero si tu terapeuta es lo suficientemente hábil, no sería difícil para él o ella entrenarte en la apertura.

La TCC se centra en una concentración de problemas específica en el logro del objetivo que ambos han establecido. Así que mientras la terapia está en curso, se le pedirá que haga algunas tareas en casa para aplicar lo que ha aprendido y descubierto de la sesión.

El enfoque dependerá de su situación y preferencias específicas, ya que no hay una solución única para todos los problemas en la TCC.

Duración de la Terapia

Por lo general, la TCC se considera una terapia a corto plazo, pero es posible que debas hablar de esto con tu terapeuta. Estos son algunos factores que afectan la duración de la terapia.

- La gravedad de los síntomas

- El tipo de trastorno

- ¿Cuánto tiempo había detectado los síntomas antes de su primer chequeo

- Cuánto estrés está experimentando actualmente

- ¿Qué tan rápido es su progreso

- Cuánto apoyo tiene de su familia y otras personas

- Disponibilidad de fondos para apoyar la terapia

Confidencialidad

La TCC es de naturaleza confidencial a menos que exista una amenaza inmediata para la seguridad o cuando la legislación vigente rija que debe notificarse a las autoridades interesadas. Las situaciones bajo estas circunstancias incluyen:

- Una amenaza inmediata para hacerse daño a sí mismo

- Una amenaza inmediata para otras personas

- Abuso de otras personas (niños o adultos vulnerables)

- Incapacidad para protegerse a sí mismo

Posibilidades

Siempre existe la posibilidad de que la Terapia Cognitiva Conductual no sea capaz de resolver su problema de comportamiento. Sin embargo, usted puede aprender muchas cosas de ella, tales como la habilidad para hacer frente a su situación de una manera saludable haciendo posible que usted pueda disfrutar de la vida y sentirse mejor y más feliz.

Sacar el máximo provecho de la TCC

La Terapia Cognitiva Conductual no es para todos. Hay casos con resultados mínimos, pero si desea maximizar los resultados, puede tomar algunas medidas para sacar el máximo provecho de su terapia.

Considere a su terapeuta como su pareja

La terapia puede ser más eficaz cuando usted está contribuyendo y compartiendo en la toma de decisiones. Recuerde que esto es colaborativo y no sólo un proceso unidireccional. Asegúrate de que tú y tu terapeuta estén de acuerdo sobre los problemas y cómo resolverlos. Juntos, ustedes dos deben trabajar mano a mano, se fijan metas para lograr y evaluar el progreso de vez en cuando.

Open Up and Be Honest

Su disposición a abrirse y ser honesto sobre todo es la clave del éxito de TCC. Dado que el método implica su disposición a compartir sus experiencias, emociones y comportamiento mientras está abierto a nuevos descubrimientos, ideas y soluciones, cualquier renuencia a abrir todo a su terapeuta debido a la verguenza, el dolor o el miedo a su reacción obstaculizar el flujo de la terapia y puede terminar siendo infructuoso e ineficaz. Así que si tiene alguna reserva, hágalo saber a su terapeuta al respecto.

Sea consistente

Hay ocasiones en que saltarse las sesiones de terapia puede resultar tentadora. Recuerde, sin embargo, que hacerlo puede interrumpir su progreso. Haga todo lo posible para asistir a todas las sesiones y dar algunas ideas sobre las cosas que desea abordar con su terapeuta.

No espere resultados inmediatos

La TCC se realiza gradualmente, así que no esperes resultados después de una o dos sesiones. Trabajar en temas emocionales requiere un trabajo duro que también puede ser doloroso, especialmente cuando se trata de revivir el pasado para resolver los conflictos actuales. Puede tomar tiempo antes de que pueda ver algún desarrollo.

Haz tu propia parte

La tarea asignada por su terapeuta es tan vital como esas sesiones. Sirven como su aplicación práctica a su proceso de aprendizaje. Es posible que el terapeuta te pida que lleves un diario regular de tus pensamientos, acciones y comportamientos. Si crees que las cosas no funcionan para ti, habla con tu terapeuta al respecto para que ambos puedan hacer cambios. A menos que le digas a tu terapeuta lo que está pasando dentro de tu mente, nunca verá la dirección correcta para hacer. Es posible que debas cambiar a otro enfoque, así que dile lo que piensas.

Capítulo 4

Técnicas de Terapia de TCC

Aquí hay una amplia gama de técnicas de Terapia Cognitiva Conductual que usted y su terapeuta pueden elegir. Puede mezclar y combinar estas técnicas para que funcionen para usted y para adaptarse a sus preferencias. Estas son algunas de estas técnicas que se utilizan comúnmente para las personas con un trastorno conductual.

Experimentos conductuales

Los experimentos conductuales en la TCC tienen como objetivo poner a prueba los pensamientos. Por ejemplo, su terapeuta puede poner a prueba sus pensamientos como: "Si me digo amablemente que no compre nada por impulso, entonces puedo minimizar mis gastos" o "Si me critico por gasto impulsivo, entonces puedo detenerme de gastos innecesarios".

Para averiguar qué enfoque funcionará mejor: autocrítica o auto-amabilidad, entonces tienes que hacer algunos experimentos conductuales. Intente hacer cada enfoque en diferentes ocasiones y supervise sus respuestas. Esto le permitirá tener retroalimentación objetiva sobre si criticar o ser amable con usted mismo será más eficaz en el tratamiento de su comportamiento de compra impulsiva.

Registros de pensamiento

Se te pedirá que grabes tus pensamientos como cuando tu jefe dijo comentar algo sobre tu actuación y llegarás a la conclusión de que tu jefe te odia o que eres estúpido para hacer algo bueno.

A medida que registre sus pensamientos, haga una evaluación basada en evidencias, sopesando los pros y los contras. Así que a veces cuando tu jefe te estaría elogiando por un trabajo bien hecho, entonces te permite evaluar tus pensamientos anteriores como, "Si a mi jefe no le caipara y cree que soy estúpido, ¡no me dará una retroalimentación positiva hoy!"

Una vez que seas capaz de sopesar los pensamientos basados en la evidencia, se te planteará un pensamiento más equilibrado. Así que a partir de ahí, usted puede decir a sí mismo que siempre es posible cometer errores y que lo hará mejor la próxima vez!

Los registros de pensamiento te enseñarán a ser más lógicamente razonable y cambiarán tus creencias defectuosas sobre ti mismo.

Programación de actividades agradables

Probablemente se le pedirá que anote 1 -3 actividades que disfrutará haciendo durante ciertos días in una semana como de viernes a domingo. Así que usted estará haciendo su planificador diario de viernes a domingo, enumerando actividades agradables que normalmente no haría como escribir un poema, tomar buenas fotos o hacer algunas artesanías de bricolaje. Esto desarrollará en ti un sentido de competencia, logro y maestría.

El objetivo aquí es disfrutar de actividades que producen niveles más altos de emociones positivas para mantener su mente menos pensando en las emociones negativas.

Jerarquías de exposición a la situación

Este enfoque implicaba dar prioridad a las cosas que normalmente evitarías. Es entonces cuando tu terapeuta te pediría que hicieras una lista, digamos cosas que no querrías hacer cuando tengas esta fobia social, tendrás en la parte superior de tu lista, "Salir con un amigo esta noche". Quedarse en casa para leer un libro o ver la televisión estaría en la parte inferior de su lista.

Exposición basada en imágenes

Una exposición a las imágenes tiene como objetivo provocar emociones negativas trayendo a la mente una memoria reciente. Un buen ejemplo sería sobre una mujer que atrapó a su novio saliendo con otra mujer. En la exposición a las imágenes, la memoria trae de vuelta todos los detalles como cómo la pareja tramposa está sosteniendo la mano de la otra mujer mientras mira profundamente a sus ojos. Incluso las sonrisas de los dos están profundamente grabadas en su memoria, que solicita emociones negativas de ira y amargura. Incluso podía recordar sus voces.

Se anima a la persona a seguir visualizando hasta que la sensación de angustia y remordimiento se reduzca a aproximadamente la mitad o más que su nivel original.

45

Capítulo 5

Examen de la Depresión

El impacto de la depresión varía individualmente.

¿Quién no ha estado deprimido? Lo más probable es que hayas estado en los basureros una o dos veces. Tal vez no estés seguro de cómo llamarlo. Tal vez es sólo una fase, o tal vez es algo que dura más de lo que te gustaría.

La depresión también se denomina trastorno depresivo mayor. Se define comúnmente como experimentar un estado de ánimo deprimido que podría significar sentirse triste o vacío o desesperanzado, o una pérdida de interés en casi todo, incluyendo el placer.

No hace falta decir que no es divertido. Una persona que sufre depresión podría experimentar pérdida de peso o aumento de peso, insomnio, agitación física, fatiga, dificultad para concentrarse o tomar decisiones o concentrarse en cualquier cosa. En casos más extremos, los pensamientos de muerte o suicidio ocurren y los sentimientos de culpa o inutilidad también están presentes.

Aunque no podemos encontrar ningún recurso citando quién descubrió la depresión, sin embargo, hay muchos que habían contribuido y todavía contribuyen dotan a la creciente comprensión de este trastorno psicológico. Para empezar, volvamos a los primeros relatos de la depresión.

Principios y creencias sobre la depresión

Fue durante el segundo milenio en Mesopotamia donde aparecieron por primera vez los primeros relatos escritos de depresión. La depresión fue tomada en un punto de vista espiritual más que como una condición física. En ese momento, se cree que la depresión, junto con otras enfermedades mentales, es causada por la posesión demoníaca. Es por esta razón que los casos de depresión son tratados por sacerdotes y no por psicólogos.

Este concepto de depresión como causado por espíritus malignos y demonios había existido durante mucho tiempo en muchas culturas diferentes como los antiguos romanos, chinos, egipcios, griegos y babilonios. Debido a este concepto erróneo, el tratamiento de los enfermos incluye la moderación física, las palizas y el hambre en un intento de alejar a los espíritus malignos que creen que residían en el cuerpo de los enfermos. Los médicos griegos y romanos, sin embargo, lo consideraron como una enfermedad biológica y psicológica. En consecuencia, se aplicaron métodos de tratamiento como masajes, gimnasia, dietas, baños y música. Algunos tratamientos de medicamentos hicieron uso de extractos de amapola y leche de burro.

Creencias antiguas en las causas físicas de la depresión

Debido a causas físicas, Hipócrates, el médico griego fue acreditado con el concepto de depresión causada por un desequilibrio de cuatro fluidos corporales:

- Bilis amarilla

- Bilis negra

- Sangre

- Flema

La melancolía o depresión en ese momento se atribuyó específicamente al exceso de bilis negra en el bazo. El tratamiento aplicado por Hipócrates al tratar con la melancolía incluyó:

- Sangría

- Dieta

- Baños

- Ejercicio

Contrariamente a la práctica de Hipócrates sobre el tratamiento de la depresión, Marcus Tullius Cicerón, un filósofo y estadista romano creía que la melancolía era causada por factores psicológicos como el dolor, el miedo y la rabia. Así que durante los últimos años antes de la Era Común, hay muchos – incluyendo algunos romanos altamente educados – que creían que la depresión y otras enfermedades mentales eran causadas por demonios y la ira de los dioses.

Causas y tratamiento de la depresión en la era común

Alrededor del 25 a. C.-50, Cornelius Celsus se divulga para recomendar el tratamiento de grilletes, palizas, y hambre en casos de enfermedad mental. Sin embargo, un médico persa llamado Rhazes en el año 865-925 no encontró enfermedad mental como que surge del cerebro, por lo que en su lugar recomienda baños para el tratamiento. Recuerda que los baños son una forma muy temprana de terapia conductual que también incluye recompensas positivas por el comportamiento adecuado.

Durante la Edad Media, cuando el cristianismo está en su apogeo, las enfermedades mentales se atribuyen a las acciones del diablo, las brujas y los demonios. El ahogamiento, el exorcismo y la quema se convirtieron en tratamientos populares en ese momento y muchos fueron encerrados en asilos para lunáticos. Aunque hay algunos médicos que continúan buscando causas físicas para la depresión y otras enfermedades mentales, sólo había unos pocos de ellos.

En la Edad Media, la religión influyó en el pensamiento europeo sobre la enfermedad mental y atribuyéndola a obras del diablo, demonios y brujas, en ese momento, los tratamientos populares eran en formas de quemar, ahogarse o encerrarse en un manicomio. Incluso hay historias de personas con enfermedades mentales arrojadas en pozos de serpientes. Mientras que algunos médicos continuaron buscando causas físicas para la depresión y otras enfermedades mentales, estaban en la minoría.

Durante el período renacentista a partir del siglo XIV, las personas que estaban mentalmente enfermas fueron cazadas y ejecutadas. Esta práctica que es común en ese momento comenzó en Italia y se extendió por toda Europa. Aún así, hay médicos que revisan la idea de que la enfermedad mental se debe a una causa natural y no a una sobrenatural.

Fue en 1621 cuando Robert Burton publicó un libro que describe las causas sociales y psicológicas de la depresión, como el miedo, la soledad y la pobreza. El libro se titula "Anatomía de la melancolía". En este libro, sus sugerencias para el tratamiento de la depresión incluyen:

- Viaje

- Ejercicios

- Dieta

- Purgativos (para eliminar el cuerpo de toxinas)

- Hierbas

- Sangría

- Musicoterapia

Depresión en los siglos XVIII y XIX

En el siglo XVII -19o lo que se consideró la Era de la Ilustración, la depresión se consideraba una debilidad en el temperamento que está en los genes y por lo tanto no se puede cambiar dando lugar a una idea de que las personas con tales mentales condición debe estar bloqueada. Fue durante la última parte de esta edad cuando los médicos comenzaron a sugerir la idea de que la agresión estaba en la raíz de esta condición. Se abogaron por ejercicios, dietas, medicamentos y música con los médicos sugiriendo fuertemente la importancia de hablar sobre el problema con tus amigos o con un médico. Un médico sugirió que la depresión es el resultado de un conflicto interno entre lo que quieres y lo que sabes que es correcto.

El tratamiento de la depresión en la Era de la Ilustración incluyó la inmersión de las personas bajo el agua y atándolas en una bobina giratoria. Creen que al inducir mareos, el cerebro volverá a su posición original. Es también en este momento cuando se dice que Benjamin Franklin desarrolló su propio tratamiento de electrochoque.	Además, los tratamientos sugeridos también incluyen paseos a caballo, enemas, dieta y vómitos.

Creencias recientes sobre la depresión

En 1985, la depresión maníaca o lo que hoy se nos conoce como Trastorno Bipolar fue identificada por primera vez por Emil Kraepelin, un psiquiatra alemán y lo distinguió como un tipo de enfermedad que es diferente de la demencia Praecox o esquizofrenia. En este punto de la historia de la psicología, se desarrollaron el psicoanálisis y la teoría psicodinámica.

Sigmund Freud, que fue considerado el padre de la teoría psicodinámica y el psicoanálisis en 1917, escribió sobre la melancolía y el luto. Freud consideró la melancolía como una respuesta a cualquier pérdida que pueda ser real o simbólica. La muerte es un claro ejemplo de pérdida real y el fracaso para alcanzar el objetivo deseado es un ejemplo de algo simbólico. Freud explicó además que el psicoanálisis podría ayudar a reducir los pensamientos y comportamientos autodestructivos de una persona, así como resolver conflictos inconscientes en un individuo.

Tratamientos para la depresión en el pasado reciente

Desde principios del siglo XIX hasta principios de los 20, muchas personas estaban desesperadas por el alivio de la depresión severa hasta el punto de que están dispuestos a someterse a lobotomías o cirugías para destruir los lóbulos frontales del cerebro humano. Aunque se dijo que tales operaciones producen un efecto calmante, puede crear cambios en la personalidad, como la pérdida de la capacidad de tomar decisiones y un mal juicio. A veces podría llevar a la muerte de una persona. A veces, la terapia electroconvulsiva que utiliza una descarga eléctrica en el cuero cabelludo a veces se utiliza para las personas con depresión grave.

Concepto actual de depresión

La depresión hoy en día se evalúa como una combinación de muchos factores que son sociales, psicológicos y sociales. Los tratamientos para la depresión pueden ser en varias formas, incluyendo medicamentos dirigidos a neurotransmisores y psicoterapia. La TCC es una forma de psicoterapia utilizada en el tratamiento de la transmisión, aunque el tratamiento electroconvulsivo también puede utilizarse en algunos casos, como en casos graves en los que se necesita alivio inmediato y en forma de depresión resistente al tratamiento.

Dado que la depresión y sus causas son más complejas que las que muchos entienden, algunas terapias más nuevas se desarrollaron en los últimos años en un intento de proporcionar una solución a aquellos que no respondieron a la terapia y los medicamentos. Algunas de las nuevas terapias son Estimulación Magnética Transcraneal y Estimulación nerviosa vago.

Depresión y pensamiento negativo

Todos tenemos nuestros pensamientos oscuros cuando estamos de peor humor. Con la depresión, sin embargo, estos pensamientos pueden ir extremadamente negativos que pueden invadir y distorsionar su perspectiva en la vida.

Para difundir estos pensamientos negativos, TCC puede ser eficaz, ya que proporciona un kit de herramientas mentales para desafiar estos pensamientos negativos. Con el tiempo, la TCC para la depresión puede realinear el pensamiento de un individuo y volver a la normalidad.

Tipos de depresión

Desafortunadamente, hay varios tipos de depresión que una persona puede adquirir. Algunas situaciones en la vida junto con los cambios químicos en el cerebro pueden causar depresión. Independientemente de la causa, tienes que hacerle saber a tu médico lo que sientes para que pueda derivarte a un especialista mental para que te ayude a averiguar si tienes depresión y qué tipo de depresión tienes. El diagnóstico es crucial para decidir el tipo correcto de tratamiento para usted. Se sabe que la TCC trata todos ellos de manera eficaz.

Depresión mayor

Esto significa que un individuo sufre de cinco o más síntomas depresivos durante al menos dos semanas. La depresión mayor es muy incapacitante e interferirá con su capacidad para comer, trabajar, estudiar y dormir. Estos episodios sólo pueden ocurrir unas pocas veces al año, pero son horribles de pasar. No sólo eso, sino que pueden salir de la nada, después de un trauma de la vida como una muerte en la familia o una ruptura de la relación.

Síntomas de depresión mayor

- Pérdida o ganancia de peso

- Dificultad para tomar decisiones

- Falta de concentración

- Pérdida de interés o placer en sus actividades

- Un cambio en el patrón de sueño

- Una sensación de cansancio físico inexplicable

- Cansancio mental

- Inquietud y sensación de agitación

- Sentir un sentimiento de indignidad o culpa

- Pensar en el suicidio

Con la depresión mayor, uno puede encontrar difícil estudiar, comer, trabajar y socializar con amigos. Una vez en la vida, algunas personas experimentaron depresión mayor o depresión clínica, mientras que otras pueden tenerla varias veces.

La depresión mayor puede ocurrir de una generación a la siguiente, pero generalmente, afecta a personas sin antecedentes familiares de la enfermedad.

Las mujeres tienen más riesgo de tener depresión mayor

Las mujeres que se ven afectadas por la depresión clínica son casi dos veces en número en comparación con la de los hombres debido a los siguientes factores:

- Menstruación

- Embarazo

- Menopausia

- Aborto espontáneo

- Cambios hormonales

Otros factores que aumentan el riesgo de depresión clínica en las mujeres incluyen un mayor estrés en el trabajo o en el hogar, el cuidado de los padres que envejecen y la administración debales a la familia con carrera. Incluso criar a un niño es suficiente para aumentar el riesgo.

Trastorno depresivo persistente

Esto solía ser conocido como *distimia*. La PDD es un tipo de depresión que dura más de un año, por lo general al menos 2 años. Esto no es tan grave como la depresión mayor, pero puedes experimentar muchos de los mismos síntomas. La irritabilidad, el estrés y la incapacidad para disfrutar de la vida, en general, son solo algunos de los síntomas que pueden presentarse durante la PDD.

Este tipo de depresión dura dos años o más, razón por la cual se llama trastorno depresivo persistente. Esto se utiliza para describir dos condiciones: distimia - depresión mayor crónica y depresión persistente de bajo grado.

Síntomas del trastorno depresivo persistente

- Cambio en el apetito (comer en exceso o no comer en absoluto)

- Dormir demasiado o muy poco

- Fatiga

- Sensación de desesperanza

- Baja autoestima

- Difícil tomar decisiones y concentrarse

Trastorno bipolar

Este tipo de depresión puede meterse en tu vida como una montaña rusa que implica enormes altivezes y caídas en las emociones. Puede ser extremadamente frustrante experimentar esto y no entender cómo hacer que se detenga.

Señales de advertencia de la depresión

Aunque sólo los profesionales de salud mental con licencia y calificados pueden diagnosticar correctamente la depresión, sin embargo, hay ciertos signos tempranos que pueden ayudarle a identificar cuando alguien está sufriendo de ella.

Debido a que la depresión varía en diferentes personas, también difieren en los signos y síntomas. Cuando hay algunos que se esconderían en pocas palabras, algunos pueden lograr continuar con su rutina diaria haciendo difícil detectar los signos.

Hay ocasiones en las que los síntomas pueden aparecer como signos de depresión cuando no lo son. Los síntomas observados en problemas de abuso de sustancias, efectos secundarios de medicamentos, problema médico, y otras condiciones de salud mental pueden parecer de alguna manera lo mismo a los síntomas de la depresión.

El Manual Diagnóstico y Estadístico de la Asociación Estadounidense de Psiquiatría (DSM-5) reconoce muchos tipos diferentes de trastornos depresivos con Trastorno Depresivo Mayor y Trastorno Depresivo Persistente como los más comunes. Pero la buena noticia es el hecho de que la depresión es tratable. Si detectas los siguientes signos de depresión, considera la TCC (u otras terapias de conversación), medicamentos o una combinación de estos dos para reducir los sistemas depresivos antes de que se haga demasiado tarde.

Bajo estado de ánimo

El estado de ánimo bajo o deprimido es evidente tanto en la depresión mayor como en el trastorno depresivo persistente.

En la depresión mayor, la persona está deprimida la mayor parte del tiempo o casi todos los días que es evidente y observado por las personas a su alrededor. Una persona que sufre de este tipo de depresión es más irritable que solitaria.

El estado de ánimo deprimido es consistente con la depresión mayor y el trastorno depresivo persistente. En la depresión mayor, un individuo debe sentirse deprimido la mayor parte del día, casi todos los días, como lo indica el informe subjetivo u observaciones hechas por otros. Los niños o adolescentes pueden parecer más irritables que tristes.

Una persona adulta con un estado de ánimo deprimido normalmente reporta tener una sensación de tristeza o vacío que es la razón por la que con frecuencia están llorando. Estar en un estado de ánimo bajo es uno de los dos síntomas básicos o básicos utilizados para diagnosticar la presencia de depresión en un individuo.

Las personas con un trastorno depresivo persistente experimentarán estados de ánimo deprimentes la mayor parte del tiempo durante al menos dos años, mientras que en los niños, son más propensos a experimentar irritabilidad durante más días al mínimo de un año. Aunque puede ser menos crónico y menos grave en comparación con las depresiones mayores, sin embargo, podría representar síntomas de una depresión mayor que han persistido durante más de dos años.

Dificultad para concentrarse

Tanto en el trastorno depresivo mayor como en el trastorno depresivo persistente, los síntomas son dificultades para tomar decisiones y falta de concentración. A medida que la persona con estos síntomas lucha por pensar con claridad, el cambio puede ser notable por quienes los rodean.

Disminución del interés o el placer

Junto a la baja temporada de ánimo, tener un menor interés o placer en las cosas que disfrutaste antes es el segundo síntoma central del trastorno depresivo mayor. Una persona con estos síntomas mostrará una disminución significativa del interés o el placer en casi todas las actividades diarias.

Trastornos del sueño

Uno puede experimentar la incapacidad para tener un sueño de calidad que puede incluir dificultad para dormir y sentirse somnoliento incluso después de dormir toda la noche. Sentirse somnoliento durante el día también es una indicación de trastorno depresivo persistente o trastorno depresivo mayor.

Cambios en el apetito

Una pérdida o aumento de peso de más del 5% en un mes cuando no estás intentando ningún cambio de peso es significativa y puede indicar la presencia de Trastorno Depresivo Mayor. En los niños, esto puede presentarse como un fracaso para aumentar de peso.

El trastorno depresivo persistente puede ser evidente en la pérdida de apetito o comer en exceso, aunque puede no haber el mismo cambio dramático en el peso observado en aquellos con trastorno depresivo mayor.

Cambios significativos en el peso (una ganancia o pérdida de 5 por ciento o más en un mes) mientras no intenta ganar o perder puede ser indicativo del trastorno depresivo mayor.

Fatiga

La sensación crónica de fatiga o pérdida significativa de energía puede ser síntomas de trastorno depresivo mayor y trastorno depresivo persistente. Cuando usted se siente cansado la mayor parte del tiempo, Esto puede interferir en gran medida con su capacidad para funcionar normalmente como un individuo.

Agitación o retraso psicomotor

Cuando usted está experimentando inquietud, agitación o letargo que está afectando su comportamiento, rutina diaria o apariencia, podría ser una indicación de que usted tiene un trastorno depresivo mayor. Tales síntomas pueden mostrarse aparentemente en los movimientos del cuerpo, reacciones o habla que también son vistos por otros como un cambio significativo en su carácter.

Sentimientos de inutilidad o culpa

Los síntomas comunes del trastorno depresivo mayor pueden incluir culpa inapropiada y excesiva, así como sentimientos de falta de valor. Este sentimiento de culpa puede volverse severo y llegar a ser delirante.

Pensamientos recurrentes de la muerte

Cuando una persona está constantemente pensando en la muerte que está más allá del miedo a morir, entonces puede ser un síntoma de un trastorno depresivo mayor. El individuo puede tener tendencias suicidas o pensar en maneras de suicidarse.

Capítulo 6

Por Qué Algunas Personas Son Más Propensas a la Depresión Que Otras

Según las encuestas, alrededor del 7% de la población experimenta depresión. Con 7 mil millones de personas en el planeta, eso significa que 490 millones de personas luchan contra la depresión cada año. Las mujeres son más propensas a desarrollar depresión que los hombres. De hecho, aproximadamente una y media a tres veces más probable.

¿Por qué crees que pasa eso? ¿Podría atribuirse a las normas imposibles que la Sociedad establece sobre las mujeres? ¿Podría ser que las mujeres se preocupen más por la casa y cuiden a la familia y pongan sus propias necesidades por delante? Los hombres experimentan estrés tanto como las mujeres, pero se les enseña a mantener sus emociones dentro y no mostrarlo.

¿Estamos más deprimidos como sociedad que estábamos hace 50 años? ¿O es que estamos aprendiendo a hablar de ello ahora en cuanto a dónde no estaban nuestros padres y abuelos? No fue algo que hiciste en su día para discutir tus sentimientos. Muchas veces la gente lidió con sus problemas y la depresión a puerta cerrada. Ahora tenemos servicios que nos ayudan a expresarnos, pero parece que nos estamos deprimiendo más.

Las personas no tienen las mismas reacciones cuando se refiere al estrés y la depresión, pero hay varios factores que afectan y causan depresión. Puede ser una combinación de dos o más de los siguientes factores que inducen la depresión:

Defectos del neurotransmisor

Neurotransmisores son sustancias químicas reguladoras del estado de ánimo en su cuerpo. La investigación dice que juega un papel importante como cuando estos productos químicos cambian en función y efecto, conduce a la depresión.

Genética

A diferencia de otras enfermedades genéticas como la corea de Huntington o la fibrosis quística, la depresión no parece tener una explicación exacta ni vincular por qué existe en una persona con antecedentes familiares de depresión.

Incluso si tu familia tiene una predisposición genética hacia la depresión, no garantiza que la tengas automáticamente, aunque puede haber una posibilidad de que seas propenso a ella, ya que también incluye otros factores.

Hormonas

Tienes más posibilidades de depresión si eres susceptible a cambios hormonales o desequilibrio. Las personas que sufren cambios hormonales como las mujeres que dieron a luz a niños o aquellas que tienen ciertas afecciones tiroideas experimentan síntomas de depresión.

Abuso y Trauma Temprano Aquellos que han sufrido trauma y abuso en su primera parte de la vida son más propensos a la depresión durante sus primeros años o parte posterior de su vida.

Medicamentos recetados

¿Está tomando medicamentos recetados? Medicamentos como somníferos, corticoesteroides, Accutane e interferón-alfa aumentan los riesgos de depresión.

Abuso de drogas

Puede ser difícil determinar por qué algunas personas usan drogas. Puede ser porque quieren tratar su depresión comenzando con la automedicación o previamente habían comenzado a usar drogas abusivamente. Es lo mismo con los medicamentos recetados. Ciertas drogas ilegales también pueden causar síntomas de depresión y sus efectos se ven.

Dolor y enfermedades

- Hay dos razones principales por las que el dolor y las enfermedades están relacionados con la depresión. La enfermedad en sí causa cambios bioquímicos en el cuerpo que causa depresión.

- Las personas con enfermedades tienden a estar deprimidas ya que experimentan dolor prolongado, la función corporal normal es limitada o incapaz y a veces se enfrentan a la posibilidad de muerte. Se deprimen debido a su salud.

Muerte y pérdida

No se sorprenda si ve a alguien deprimido después de experimentar pérdidas extremas, ya sea en las finanzas, propiedades o incluso la vida de sus seres queridos. Estos eventos pueden haber desencadenado sus tendencias de depresión.

Personalidad

Mira esto si tienes algunos de estos rasgos en tu personalidad.

- Excesivamente dependiente de los demás

- Baja autoestima

- Autocrítico

- Pesimismo

Si usted tiene cualquiera de estos rasgos, usted es más propenso a deprimirse.

Conflicto interpersonal

Los conflictos familiares y de amigos también contribuyen a aumentar el estrés. Conflictos como estos te tenderán a desarrollar depresión.

Estrés

Usted puede tener estrés si su vida es cuesta arriba (casarse) o cuesta abajo (perder su trabajo). Cuando usted está bajo ataque por el estrés, sus niveles de cortisol se elevan hasta el punto que posiblemente afecta la transmisión de serotonina, una molécula reguladora del estado de ánimo.

En otras palabras, la depresión es una situación complicada en la que se trata de ciertos factores, por ejemplo, diferencias biológicamente basadas en la función cerebral. Cuanto más te enfrentas a varios factores, más tendencias y posibilidades para desarrollar depresión.

Capítulo 7

Tratamiento de la Depresión con Terapia Cognitiva Conductual

La vida no es una gran fiesta como has aprendido. Tienes tus buenos días y tus días malos. El truco es no dejar que tus días malos se perden en semanas malas, meses o años. Y para evitar que eso suceda, a veces es necesario ver a alguien profesionalmente.

Es normal sentirse deprimido de vez en cuando. Es un sentimiento común compartido por todos nosotros en la sociedad. El Trastorno Depresivo Mayor afecta a 14.8 millones de adultos en los Estados Unidos hoy en día según la Asociación de Ansiedad y Depresión de América. Los factores de estrés de trabajar más por menos salario, lidiar con una mentalidad de escasez y realidad, o tener problemas en sus relaciones pueden contribuir a la depresión. Apilado encima de eso con la lucha contra las adicciones y no es de extrañar que más estadounidenses estén sintiendo los efectos de la depresión.

Sin embargo, si esa sensación te impide hacer las cosas que una vez te gustaba hacer o chupa la motivación de hacer algo en absoluto y no puedes salir de debajo de ella, podría ser una señal de que estás sufriendo de depresión.

La depresión apesta. Es aislante y solitario. Puede hacerte sentir como si hubieras perdido la cabeza. Puede hacerte sentir confundido acerca de quién eres y lo que quieres en la vida. Puede hacerte creer que hay algo permanentemente malo contigo. Peor aún, puede hacerte sentir que nunca podrás enfrentarte al mundo en tu situación actual. Cuando en este punto la baja sensación de desesperación se ha apoderado de tu vida y simplemente no cambia, podrías estar sufriendo de depresión. La depresión puede ser increíblemente aislante. Puede hacerte sentir como si fueras el único en el mundo que siente lo mismo que tú. No es de extrañar por qué muchas personas recurren a las drogas y el alcohol para adormecer el dolor de la depresión. Muy a menudo esas cosas pueden dar un consuelo a corto plazo. Pero es simplemente un espejismo. Solo cubren el problema y no se ocupan directamente de él.

Si te sientes desesperanzado y deprimido, hay luz al final del túnel, y no necesitas sufrir en silencio.

La terapia cognitiva conductual para la depresión (TCC) puede devolverle la vida. Puede ayudarte a mejorar la calidad de tu vida y pensar en las cosas desde una perspectiva completamente nueva. Sin embargo, antes de entrar en detalles profundos sobre qué es la TCC y cómo ayuda en el tratamiento de la depresión, es útil entender los tipos primarios de depresión.

La TCC se utiliza popularmente para tratar una amplia gama de problemas de salud mental. Sin embargo, no sólo aquellos que sufren de trastornos mentales pueden beneficiarse de la TCC. Incluso aquellos que sufren de un trastorno de la alimentación busca la ayuda de los practicantes de la TCC. Puede ser una herramienta eficaz para ayudar a cualquier persona a aprender a combatir y manejar una vida estresante que es desenfrenada en la vida moderna de hoy.

¿Qué implica la TCC?

Los humanos por naturaleza son criaturas inconsistentes. Desafortunadamente, para tener éxito en cualquier cosa, tienes que aplicar consistencia en tus acciones. Así que cuando estás hablando de ir a la terapia de TCC para la depresión, saber que tienes que ir constantemente parece desalentador.

Cuando te sometes a terapia, te reunirás con tu terapeuta para una sesión semanal o quincenal y cada sesión podría durar de 30 minutos a una hora.

Durante las primeras 2-4 sesiones iniciales, el terapeuta de tCC evaluará el tipo de tratamiento que necesitarás. Esto incluye profundizar en sus antecedentes o historial.

La terapia de TCC se centra en el presente y pasa muy poco tiempo en el pasado, pero el terapeuta puede necesitar una base de fondo de sobre qué construir. Por lo tanto, es importante que se abra y coopere plenamente para proporcionar un panorama más amplio posible como uno pueda obtener. Esto es importante para su terapeuta. La mayoría de las veces, tu pasado tiene todo que ver con tu presente y futuro.

Tenga en cuenta que cada sesión es un esfuerzo de colaboración entre usted y el terapeuta a medida que entra en una conversación profunda. Ambos tienen que decidir qué hacer y cómo hacerlo.

Con la ayuda del terapeuta, los problemas que tiene según usted van a ser analizados y desglosados en partes más pequeñas. El terapeuta que te pedimos que lleves un diario o diario que te ayude a identificar y evaluar tus sentimientos y pensamientos.

Juntos, tú y tu terapeuta evaluarán tus comportamientos, sentimientos y pensamientos para ver cómo te afectan a ti y a otras personas que te rodean. Ambos determinarán si son poco realistas o poco útiles. Entonces tu terapeuta te ayudará a cambiar cualquier comportamiento negativo sustituyéndolos por otros más realistas y positivos. Espera que tu terapeuta te dé la tarea para que lo hagas en tu propio tiempo. Por lo general, su tarea le permitirá practicar las técnicas que aprendió para que pueda presenciar personalmente cualquier cambio en su comportamiento.

Cuando conozcas a tu terapeuta, tendrás la oportunidad de hablar sobre tu progreso y lo que sucedió desde tu sesión anterior. Ambos discutirán lo que funciona y lo que no. A partir de ahí, averigua adónde ir.

Nadie te hará hacer nada que no quieras hacer. Usted está a cargo del ritmo en el que tiene su progreso de la terapia. También puedes tomar las habilidades que aprendes y practicarlas mucho después de dejar de ver a tu terapeuta. Esto se alienta porque puede ayudarte a vivir una vida saludable.

¿La Terapia Cognitiva Conductual trata la depresión?

La terapia cognitiva conductual, la TCC, es una alternativa prometedora en muchos casos a la medicación. Es un tipo de terapia de conversación que ayuda a tratar la depresión leve o moderada. Si eres alguien que evita los medicamentos, entonces la terapia de TCC puede ser ideal. Incluso los casos graves de depresión pueden beneficiarse del tratamiento con TCC. El terapeuta necesita ser altamente calificado en el arte del tratamiento de la TCC, por supuesto. La TCC también puede ayudar cuando se combina con otros tratamientos como medicamentos.

¿Qué tan bien funciona?

La TCC funciona igual de bien, si no mejor, que los medicamentos antidepresivos para ciertos tipos de depresión. De hecho, la investigación muestra que las personas que ingresan a la TCC pueden no volver a tener una depresión en comparación con las que toman medicamentos solos.

Eso no es decir que la medicación no funciona bien, sí. Pero combinado con la TCC, puede maximizar los resultados para obtener los mejores resultados de los pacientes. Esto se debe a que no solo corriges una posible deficiencia química en el cerebro, sino que también estás reemplazando los malos y negativos hábitos por los positivos. Aquellos que aprenden habilidades de TCC a menudo continúan utilizándolas durante más de un año después.

Esto no le dice que deje de tomar su medicamento sin consultar primero con un médico. Eso es peligroso, incluso si actualmente estás trabajando con un terapeuta de TCC. De repente, suspender el medicamento puede causar depresión grave y otros síntomas negativos. Siempre trabaje con su proveedor de atención médica para determinar los siguientes mejores pasos para usted.

Qué esperar

A continuación, le indicamos de quién puede recibir TCC:

- Psicólogo

- Trabajador social clínico con licencia

- Consejero con licencia

- Otros profesionales con formación en salud mental.

Estas sesiones se pueden llevar a cabo en un entorno grupal, uno a uno, o con materiales de autoestudio bajo la supervisión de su terapeuta.

Lo bueno de tener un terapeuta es que trabajarán contigo para establecer un conjunto de metas de tratamiento para ayudarte a sentirte menos deprimido y a eliminar hábitos tan negativos como las drogas o el alcohol. El objetivo no es concentrarse en tu pasado o en tu personalidad. Es probable que el terapeuta te ayude a centrarte en cómo piensas y sientes en el presente y en las formas en que puedes cambiarlo. La duración del tratamiento puede durar entre 10 y 20 sesiones. Muchos pueden ir a terapia durante más de un año, mientras que otros pueden ir un puñado de veces. El terapeuta también puede darte la tarea para hacer a un ritmo de autoestudio.

Si tu terapeuta vale su peso en oro, te mostrarán algunas habilidades para ayudar a prevenir el regreso de tu depresión. Si tu depresión vuelve, es una buena idea volver a tomar terapia. También puede hacerlo en cualquier momento que se sienta mal o necesite superar un problema difícil.

Un buen terapeuta te equipará con varias habilidades para evitar que tu depresión regrese antes de que tu terapia termine con ellos. El objetivo es mantenerte funcionando a un nivel saludable mucho después de graduarte de la terapia.

La clave aquí es trabajar sólo con terapeutas capacitados. Aquellos que han estado en la industria durante algún tiempo y pueden diagnosticary y tratar de manera competente. Usted puede decirle a un terapeuta calificado por los grados que tienen y el número de años de experiencia que han tenido éxito tratando a los clientes con depresión. La mayoría tiene un máster o doctorado con un enfoque en el asesoramiento. Compruebe su certificación y licencia en su estado y asegúrese de que su área de especialización se alinee con sus necesidades. Estas serían algunas de las calificaciones que querrías echar un vistazo antes de elegir un terapeuta.

La primera acción de un terapeuta de TCC al tratar todos los trastornos es educar a sus clientes sobre el diagnóstico de su paciente y cómo se le aplicará la TCC. También ayudarán a los clientes a establecer metas en su programa de tratamiento y capacitarán a los clientes sobre cómo hacer frente mediante el uso de habilidades de comportamiento y pensamiento.

Por lo general, el tipo de intervenciones que realizan los terapeutas de tCC se centra en recordar al cliente todas las actividades que solían hacer antes de que se deprimieran. Les ayudan a encontrar maneras de volver a participar en esas actividades y a encontrar su gozo de nuevo. Que si lo piensas, cuando estás preocupado por otras cosas, alejas tu atención de tus propios problemas. Esto es especialmente cierto cuando ayuda a los demás.

Un terapeuta de TCC también hará el trabajo duro con el cliente de ayudarlos a enfrentar y reconocer sus creencias negativas sobre sí mismos, su entorno y sus percepciones sobre el mundo.

El tipo de formación de TCC se puede adaptar al cliente en función de las características del cliente. Por ejemplo, cuando un terapeuta aconseja a los niños, pueden incorporar a los padres mostrándoles nuevas habilidades de comportamiento que ayudan específicamente con la depresión del niño.

Al hablar de adultos, el terapeuta de TCC puede enfocar el tratamiento hacia participar en una vida plena y activa, cuestionando creencias negativas y/o falsas sobre envejecer y aprender cómo lidiar con problemas de salud.

Los terapeutas de TCC también pueden ayudar a los clientes que tienen problemas de salud que conducen a la depresión ayudándoles en lo que significa dentro de su vida mientras se aseguran de que todavía están participando en actividades que significan algo para el cliente.

Así que usted puede ver que independientemente de la edad del cliente o problemas de salud que enfrentan, la clave es volver a participar en actividades sociales y físicas para tratar su depresión. No sólo eso, sino para poder identificar lo que está participando en esas actividades significa saber quiénes son y su importancia en el mundo.

Efectos de la depresión clínica no tratada

Cuando la mayoría de nosotros nos enfrentamos a la depresión en algunos momentos de nuestra vida, descuidar puede ser un problema serio. La depresión no tratada aumenta la posibilidad de desarrollar conductas de riesgo, como la adicción a las drogas y el alcohol, lo que puede conducir a romper relaciones, causar problemas en el lugar de trabajo y dificultar la superación de dolencias crónicas.

La depresión clínica que también se conoce como depresión mayor es una enfermedad que afecta los pensamientos, el cuerpo y los estados de ánimo de la persona. Puede afectar incluso la forma en que duermes y comes, la forma en que te sientes y la forma en que piensas.

Es difícil recuperarse cuando estás deprimido. Sin embargo, cuando no se trata, los síntomas pueden durar semanas, meses o incluso años. Sin embargo, un tratamiento adecuado, como la TCC, puede ayudar a las personas que sufren de depresión clínica o mayor.

La depresión mayor afecta la salud física

Ahora se están descubriendo pruebas de montaje de que la depresión mayor puede tener un grave impacto en la salud física de uno. En los hallazgos más recientes de salud y depresiones mayores que se centran en pacientes con accidentes cerebrovasculares y enfermedades coronarias, a las personas que se recuperan de ataques cardíacos y accidentes cerebrovasculares les resulta difícil tomar decisiones de atención médica, seguir las directivas del médico y los desafíos que presenta su enfermedad. Un estudio separado descubrió además que los pacientes con depresión mayor tienen un mayor riesgo de morir en los primeros meses después del ataque cardíaco.

¿Cómo se interrumpe el sueño por la depresión no tratada?

Cuando una persona sufre de depresión mayor, uno de los síntomas más evidentes de la depresión clínica es el cambio en los patrones de sueño. La mayoría de los enfermos se encuentran lidiando con el insomnio o la dificultad para conseguir un sueño de calidad adecuada. Ellos sentirían la creciente necesidad de dormir mientras experimentan pérdida excesiva de energía. La falta de sueño también puede tener los mismos síntomas que la de la depresión, como la fatiga extrema, la pérdida de energía, la dificultad para tomar decisiones y mantenerse concentrado o concentrado.

Además de los patrones de sueño alterados, la depresión no tratada también puede resultar en aumento de peso o pérdida de peso, sentir una sensación de impotencia y desesperanza, y también, irritabilidad. El tratamiento de la enfermedad de la depresión mayor puede ayudar al enfermo a tener control sobre sus síntomas de depresión.

Capítulo 8

Trastorno Bipolar

El trastorno bipolar es uno de lostrastornos depresivos graves más comunes. Esta afección afecta el rendimiento cerebral de una persona, particularmente su estado de ánimo. El trastorno bipolar también se conoce como lo siguiente:

- Trastorno del estado de ánimo bipolar

- Trastorno afectivo bipolar

- Depresión maníaca

- Trastorno maníaco-depresivo

- Enfermedad maníaco-depresiva

¿Qué es el trastorno bipolar?

La palabra "mood" pertenece a los tonos emocionales que tienden a sacar color o emoción a nuestra vida diaria. Todo el mundo lo tiene, puede ser feliz o triste, gruñón o cordial, lento o enérgico. Los estados de ánimo se componen de nuestros pensamientos, sentimientos y juicio; por lo tanto, reflejan nuestro estado interior del ser. Por ejemplo, un estado de ánimo agrio puede ser templado en uno más feliz al escuchar la gran noticia. Por lo general, los estados de ánimo son fugaces, pero también pueden seguir durante períodos más largos de tiempo dependiendo de la personalidad de una persona.

Mientras que los estados de ánimo pueden subir y bajar dependiendo de las experiencias de vida y eventos, la mayoría de ellos nunca se balancean en algoextremo e inmanejable. Una persona promedio con bienestar mental saludable puede recuperarse fácilmente de las emociones negativas y seguir adelante con su vida. No se quedarán con emociones extremas como la depresión o la felicidad extrema durante períodos de tiempo más largos.

Por otro lado, las personas con trastorno bipolar experimentan cambios de humor anormales y extremos que persisten durante largos períodos de tiempo. Esta condición también causa estrés agudo en la vida de una persona e incluso genera problemas drásticos en su capacidad de ser productivos en varios aspectos de su vida normal, de lo contrario.

Estos trastornos provocan cambios de humor que pueden variar de estados de ánimo extremos, severos y continuos. Estos estados de estado de ánimo pueden influir directamente en los niveles de energía, comportamiento, actitud, y la capacidad de una persona para vivir su vida. Los cambios de humor bipolares pueden dañar seriamente su rendimiento diario, relaciones, e incluso pueden resultar en suicidio. Por otra parte, las personas a su alrededor también pueden sufrir de estos cambios de humor.

Signos y síntomas

Los estados de ánimo bipolares pueden cambiar entre estados "altos" y "bajos". Los estados "altos" pueden ser referidos como *manía* mientras que los estados "bajos" se identifican como *depresión*. Estos no son los períodos normales de felicidad y tristeza que una persona promedio experimenta de vez en cuando, sino que son cambios de humor severos e intensos que pueden aumentar con el tiempo.

Mania se caracteriza por lo siguiente:

- Hiperactividad o tener altos niveles de energía

- Perspectiva positiva exagerada en la vida (por ejemplo, creer que todo es posible)

- Estar demasiado confiado hasta el punto de tener un sentido exagerado de auto-importancia (por ejemplo, creen que son más inteligentes o más poderosos que cualquier otra persona)

- Humor alegre y enérgico

Durante el estado maníaco, las personas con trastorno bipolar tienden a tener:

- Pensamientos perturbadores

- Discurso rápido en un intento de mantenerse al día con sus pensamientos de carreras

- Comportamiento impulsivo y decisiones precipitadas (por ejemplo, gasto excesivo)

- Mal juicio

- Aumento del deseo de realizar actividades extremas y peligrosas que resulten en un comportamiento irresponsable (por ejemplo, exceso de velocidad y conducción temeraria)

- Disminución de la necesidad de dormir

- Intensificación de la distracción

Mientras tanto, la *depresión* se puede considerar como la forma opuesta de manía. Sin embargo, sus síntomas pueden diferir de una persona a otra. Por ejemplo, un individuo con depresión puede experimentar emociones como impotencia, melancolía y desesperanza; por otro lado, otra persona deprimida podría experimentar sentimientos como la ira, la impaciencia y el pesimismo. Algunas personas con depresión también pueden tener un cambio drástico en su personalidad. Por ejemplo, alguien normalmente alegre y cordial podría cambiar repentinamente en alguien que fácilmente pierde los estribos incluso en las cosas más pequeñas.

Los síntomas también pueden alterarse con el tiempo. Un individuo deprimido que inicialmente era melancólico y se retiró puede convertirse en una persona gruñona que fácilmente se frustra como resultado de dormir incorrectamente y no ser capaz de completar incluso tareas rutinarias simples. Estos también pueden afectar indirectamente a los demás y causar problemas en la escuela o en el lugar de trabajo y en las relaciones.

Estos son los síntomas habituales de las personas que están bajo el estado de depresión:

- Pérdida de interés en sus actividades normales

- Bajos niveles de energía o fatiga

- Pérdida de concentración y concentración

- Pérdida de apetito

- Baja libido e incapacidad para experimentar placer sexual

- Dormir demasiado o muy poco

- Sentimientos de ansiedad, ira, frustración y culpa

- Pensamientos de muerte y/o tendencias suicidas

Para los adultos, los episodios de manía o depresión suelen durar semanas o meses, aunque, por supuesto, los períodos también pueden ser cortos. Para los niños y adolescentes, estos episodios pueden ser mucho más cortos y pueden experimentar cambios intensos, desde la manía hasta la depresión, en un lapso de un solo día.

Los episodios de manía y depresión pueden ocurrir irregularmente y más bien pueden ser impredecibles. También pueden estar estrechamente relacionados con episodios maníacos después de un período de depresión. Por el contrario, también pueden experimentar depresión después de episodios maníacos. En otras ocasiones, los episodios siguen un patrón estacional. Por ejemplo, una persona puede experimentar manía durante el verano y la depresión durante el otoño.

Algunas personas con trastorno bipolar también pueden volver a un estado normal (o estado "casi" normal) entre episodios. Para otros, los episodios ocurren en un ciclo continuo con poco o ningún período de intervalo. Los ciclos de cambio de humor pueden ocurrir a un ritmo lento o rápido, cambiando de manía a depresión o viceversa, y siendo más típicos con niños, adolescentes y mujeres.

Algunas personas que sufren de trastorno bipolar toman alcohol y drogas como un alivio temporal a pesar de saber que estas sustancias pueden traer desastre en el proceso. El abuso de sustancias provoca el empeoramiento de los síntomas y dificulta a los expertos en el diagnóstico de la enfermedad.

Tipos de Trastorno Bipolar

El trastorno bipolar es una enfermedad prevaleciente y somete a las personas con esta afección a episodios de manía y depresión. Debido a los diferentes síntomas en diferentes personas, expertos en salud mental clasificaron bipolar en cuatro tipos diferentes para personalizar con precisión el tratamiento de acuerdo con las necesidades específicas del paciente.

Bipolar I

Bipolar I implica sesiones de episodios de humor extremo desde la manía hasta la depresión. Una persona con trastorno bipolar I tuvo al menos un episodio maníaco en su vida. Es decir, experimentan un estado de ánimo anormalmente elevado caracterizado por una energía excesiva con un comportamiento anormalmente perturbador. Entre episodios, estas personas pueden vivir una vida normal.

Cualquiera puede estar en riesgo de tener trastorno bipolar I. Los síntomas pueden aparecer por primera vez desde la adolescencia o a principios de los veinte años. La mayoría de las personas que tienen la enfermedad la desarrollan antes de llegar a los 50. En particular, las personas con un familiar inmediato que es bipolar tienen un mayor riesgo en el desarrollo de esta afección.

Durante el episodio maníaco, una persona con bipolar puedo tener una sensación "alta" que se puede describir como euforia o irritabilidad. Estos sentimientos van acompañados de comportamientos anormales como hiperactividad, gasto excesivo, hipersexualidad y abuso de sustancias. Las personas en episodios maníacos, por ejemplo, tienen relaciones sexuales con extraños o personas con las que normalmente no elegirían involucrarse en la intimidad. Podrían tener casos de que también se volverían delirantes. Si no se trata, un episodio maníaco puede extenderse de unos pocos días a varios meses. Poco después, la depresión puede seguir o no ocurrir durante semanas o meses.

Algunas personas con bipolar puedo tener largos períodos de "tiempo de descanso" sin la aparición de síntomas durante ese tiempo. Algunas personas, sin embargo, pueden experimentar un ciclo rápido de los síntomas maníacos y depresivos. Pueden tener períodos evidentes de manía o depresión durante unas cuatro o más veces dentro de un año.

Mientras tanto, los episodios depresivos para bipolar pueden durar semanas o meses. Rara vez se extienden más de un año. Durante ese tiempo, las personas con bipolar experimentan bajos niveles de energía, sentimientos negativos (por ejemplo, culpa, desesperanza e inutilidad) y pensamientos de suicidio.

Bipolar II

Bipolar II es una forma "menor" de elevación del estado de ánimo, incluyendo leves episodios de hipomanía que cambian con períodos de depresión severa. Las personas con bipolar II nunca experimentan el giro completo de la manía. La versión menos intensa de este estado de ánimo elevado que experimentan se identifica como *hipomanía* o *episodios hipomaníacos.*

Las personas con bipolar II experimentaron al menos un episodio hipomaníaco en su vida. También sufren de episodios depresivos. Entre los episodios hipomaníacos y la depresión, estas personas también pueden vivir una vida normal.

Durante los períodos de hipomanía, los individuos con bipolar II pueden ser más bien agradables. Por lo general están de humor alegre, haciendo que otras personas se calienten fácilmente con ellos.

Trastorno ciclotímico o ciclotimia

El trastorno ciclotímico se caracteriza por breves períodos de síntomas hipomaníacos que cambian a breves períodos de síntomas depresivos que no duran ampliamente como se observa en episodios depresivos completos o episodios hipomaníacos completos.

La ciclotimia es comparativamente leve en comparación con los trastornos bipolares I y II, con formas leves de depresión e hipomanía. Sin embargo, esto no altera el hecho de que la ciclotimia puede traer más daño a la vida diaria de las personas con esta condición. Los estados de ánimo inestables pueden traer complicaciones para lograr un trabajo estable y establecer relaciones personales. En su lugar, pasan de un trabajo (y una relación) a otro. Además, las personas con ciclotimia con frecuencia cometen abuso de sustancias (es decir, alcohol y drogas).

En los Estados Unidos, casi el uno por ciento de la población tiene ciclotimia. Los síntomas generalmente comienzan en la adolescencia, pero pueden ser difíciles de identificar.

Dado que los síntomas son leves, las personas con esta afección no buscan tratamiento. Los síntomas depresivos de la ciclotimia son a menudo desagradables, consistentes e incapacitantes en comparación con los de los síntomas hipomaníacos. Estos episodios depresivos comúnmente hacen que las personas con esta afección busquen ayuda.

Las "Características Mixtas" o No Especificadas

Las "características mixtas" se describen como incidentes de síntomas simultáneos de polaridades del estado de ánimo opuestos (manía y depresión) en una secuencia rápida. Se señala con insomnio, hiperactividad, pensamientos de carreras, y la inquietud. La persona con características mixtas puede sentir simultáneamente emociones negativas como mal humor, desesperación, e incluso puede tener tendencias suicidas.

Los episodios de humor de "características mixtas" pueden durar de días a semanas y, a veces, meses, si no se tratan. Pueden ocurrir periódicamente y el período de recuperación también puede ser más lento que los episodios maníacos, hipomaníacos y depresivos "puros".

El riesgo más peligroso durante un episodio depresivo o maníaco/hipománico con "características mixtas" es el suicidio. Las personas con trastorno bipolar tienen entre diez y veinte veces más probabilidades de suicidarse en comparación con las que no lo tienen. El riesgo es aún mayor para aquellos que experimentan episodios bipolares con "características mixtas".

Causas del Trastorno Bipolar

Desafortunadamente, el conocimiento médico moderno y la tecnología aún no han encontrado la causa principal del trastorno bipolar. Sin embargo, los expertos creen que la composición genética y bioquímica de un individuo, así como sus factores ambientales son elementos vitales en el inicio y desarrollo de dicha condición. También están considerando que la condición es principalmente un trastorno neurobiológico que ocurre en una parte específica del cerebro y es causada por la falla de sustancias químicas cerebrales particulares a saber, noradrenalina, serotonina, y dopamina.

Dado que es un trastorno neurobiológico, el trastorno bipolar está inicialmente latente y luego puede ser desencadenado por factores estresantes de la vida como la pérdida de empleo, divorcio, lesión, enfermedades crónicas, etc. A pesar de que nadie puede identificar la causa exacta de la enfermedad, los investigadores encontraron varios indicadores.

Factores genéticos

El trastorno bipolar generalmente se presenta en las familias. Alrededor del 50% de las personas con trastorno bipolar tienen un familiar o pariente cercano con esta afección o un trastorno del estado de ánimo como la depresión. Si un padre tiene un trastorno bipolar, hay un entre el diez y el quince por ciento de probabilidades de que su hijo desarrolle esta afección. Una investigación realizada en gemelos idénticos presenta que si uno de los gemelos es diagnosticado con trastorno bipolar, hay un 40 a 70 por ciento de probabilidades de que el otro gemelo también pueda ser diagnosticado con la misma condición. Parece que los factores genéticos contribuyen a la probabilidad de tener la condición en un individuo. A pesar de esta información, los científicos y los médicos todavía no pueden concluir que el bipolar es realmente causado por raíces genéticas.

Factores neuroquímicos

Trastorno bipolar es principalmente un trastorno biológico que tiene lugar en un área particular del cerebro y es causado por ciertos neurotransmisores en el cerebro. Este trastorno puede permanecer inactivo al principio, pero podría activarse por factores externos como el estrés.

Factores ambientales

Una circunstancia estresante puede desencadenar un episodio de estado de ánimo en una persona con un trastorno bipolar latente. Incluso aquellos que no tienen factores genéticos claros también pueden tener episodios bipolares debido al abuso de sustancias, cambios hormonales en el cuerpo y malos hábitos de salud.

Hoy en día, los síntomas del trastorno bipolar han aparecido en edades mucho más tempranas. Este cambio serio puede ser producto de factores ambientales y sociales que aún no se han explorado o entendido.

El estrés y el trauma como la muerte de un miembro de la familia, el divorcio y la enfermedad podrían desencadenar fácilmente el primer episodio de manía o depresión. Para los adolescentes, puede ser el inicio de cambios durante su pubertad particularmente en las niñas que experimentan su ciclo menstrual mensual.

El abuso de sustancias no puede considerarse una causa de trastorno bipolar, aunque puede exacerbar la enfermedad interfiriendo con la recuperación del paciente. El uso de drogas, alcohol o tranquilizantes puede empeorar los episodios depresivos.

Efectos del trastorno bipolar

El trastorno bipolar afecta tanto a mujeres como a hombres. Mientras que los primeros síntomas suelen aparecer a los veinte años, incluso los adolescentes y los niños pueden tener el trastorno.

Algunas investigaciones sugieren que los niños y adolescentes con trastorno bipolar no siempre tienen patrones de comportamiento similares que los adultos con trastorno bipolar exhiben. Por ejemplo, los niños que tienen trastorno bipolar pueden experimentar cambios de humor rápidos y tener algunos síntomas como altos niveles de ansiedad e irritabilidad. Sin embargo, pueden mostrar otros síntomas que normalmente se ven en adultos.

Puesto que la función cerebral está involucrada, hay ciertos efectos en la forma en que las personas con trastorno bipolar piensan, sienten, y actúan. Como consecuencia, a las personas que los rodean les resultaría difícil entender su condición e infligir involuntariamente más daño psicológico al enfermo.

Diagnóstico

En la mayoría de los casos, las personas con trastorno bipolar pueden recibir ayuda después de que un psicólogo o un psiquiatra haya dado su diagnóstico. Desafortunadamente, muchas personas con esta afección nunca son diagnosticadas o ni siquiera son diagnosticadas correctamente. Esto puede conducir al empeoramiento de su condición. Algunas personas con trastorno bipolar no diagnosticado pueden terminar en un centro de tratamiento residencial, hospital psiquiátrico o prisión. Peor aún, podrían intentar suicidarse y tener éxito en hacerlo.

Para que se diagnostique el trastorno bipolar, los síntomas deben cumplir con los criterios diagnósticos establecidos en el Manual Diagnóstico y Estadístico de los Trastornos Mentales (DSM-5). Un experto en medicina mental también podría realizar otras pruebas según sea necesario.

El diagnóstico para el trastorno bipolar incluye una evaluación exhaustiva durante varias consultas. Ninguna prueba puede detectar fácilmente esta afección, pero la evaluación de los síntomas puede implicar:

- **Gráficos de estado de ánimo**: Se le pedirá a un paciente que haga un registro de sus estados de ánimo dentro deun período de semanas o meses para que el médico pueda trazar los síntomas de la manía (o hipomanía) y la depresión.

- **Evaluación psiquiátrica**: Un paciente podría ser referido a un psicólogo o psiquiatra que evaluará sus patrones de comportamiento, evaluará losantecedentes de enfermedad mental de su familia y examinará otros factores que contribuyen.

- **Examen físico**: Se podría pedir a un paciente un examen físico (por ejemplo, análisis desangre y de laboratorio) para excluir cualquier problema médico que pueda estar contribuyendo o causando los síntomas.

Como se mencionó, los niños y adolescentes con esta afección no suelen exhibir los mismos patrones de comportamiento que los adultos. Un profesional de la salud médica aún no ha observado su comportamiento antes de dar un diagnóstico. Los datos necesarios incluyen la historia completa del niño de sus experiencias pasadas y presentes. También ayudaría si la familia y los amigos pudieran proporcionar información importante sobre el comportamiento de la persona. Además, el médico recomendaría que el adolescente se hiciera un examen médico para ayudar a su diagnóstico.

El diagnóstico del trastorno bipolar puede ser difícil incluso para los expertos, ya que no hay escáner cerebral, análisis de sangre o cualquier prueba de laboratorio que pueda detectar la enfermedad. Los adolescentes con trastorno bipolar a menudo son diagnosticados erróneamente para otras enfermedades como el TDAH (trastorno por déficit de atención con hiperactividad), esquizofrenia, trastorno de estrés postraumático y otros trastornos depresivos. Esta es la razón por la que una historia integral es crucial.

Tratamiento Cognitivo Conductual (TCC) para el Trastorno Bipolar

Generalmente, el tratamiento básico para el trastorno bipolar es una integración de psicoterapia y medicamentos. El tratamiento cognitivo conductual (TCC) es una de las formas más populares de psicoterapia y se puede utilizar en los siguientes métodos:

- Prevenir comportamientos que pueden empeorar los síntomas bipolares.

- Controlar los síntomas de la enfermedad.

- Servir como un tratamiento alternativo más especialmente si los medicamentos se vuelven ineficaces o ni siquiera una opción.

- Aprender técnicas o métodos de afrontamiento beneficiosos para controlar el estrés y las emociones.

Un estudio realizado por The British Journal Psychiatry respalda la integración de la TCC con el tratamiento del trastorno bipolar. El estudio se llevó a cabo entre dos grupos of personas con trastornobipolar. Un grupo recibió tratamiento estándar (es decir, medicación, sistema de apoyo y monitoreo de un psiquiatra y médico) sólo mientras que el otro recibió tratamiento estándar combinado con TCC. Los investigadores descubrieron entonces que este último grupo logró una recuperación mucho mejor y más estable en comparación con el grupo que no se sometió a TCC.

La TCC fomenta varias habilidades vitales que apuntan a los factores que influyen en el trastorno bipolar en un paciente. Estas habilidades implican:

Aceptación

El primer paso para la curación es la aceptación. El paciente tiene que reconocer el hecho de que tiene una afección que es responsable de los síntomas que está experimentando. Aceptar este hecho puede ser muy difícil para cualquiera que supiera que tiene trastorno bipolar. Por lo tanto, enseñarles acerca de su condición (por ejemplo, síntomas, efectos, causas probables de episodios, etc.) es muy importante. También ayuda a estas personas a aceptar la ayuda de los expertos, así como de su familia y amigos.

Monitoreo

La grabación se realiza a menudo con diario de estado de ánimo y la hoja de trabajo donde los propios pacientes pueden mantener a diario y pueden ser revisados por su terapeuta. Con un diario, los pacientes pueden rastrear fácilmente sus:

- Estado de ánimo (calificación 0 como deprimido, 5 como sentirse bien y 10 como extremadamente alto o irritable)

- Niveles de ansiedad

- Patrones de sueño

- Cambios en la dieta (incluyendo el tipo de comida que comes y su cantidad)

- Cambios en varias relaciones (incluidos los problemas)

- Estresores (por ejemplo, un nuevo proyecto en el trabajo, un horario ajustado, etc.)

- Ciclo menstrual (para mujeres)

Solución de problemas

Resolver el problema se enseña comúnmente como el primer paso para la terapia. Esto implica aprender a reconocer un problema, crear posibles soluciones, elegir la solución adecuada, probarlo y evaluar el producto o resultado. Dado que los dilemas se pueden encontrar en todas las facetas de la vida, aprender a resolverlos o manejarlos debe ser una prioridad. Estos factores estresantes, si no se resuelven, pueden poner al paciente en un mayor riesgo de cambios de humor y / o recaída.

Como primer paso, la hoja de trabajo "Identificar el estrés" le ayudará a reconocer los síntomas de su estrés y sus desencadenantes. Aprender esto traerá conciencia sobre cómo te afectan y te ayudará en cómo puedes manejarlos a medida que avanzas en tu vida.

Además, la hoja de trabajo de ejemplo *"Desencadenadores"* en la siguiente sección ayuda a los pacientes a identificar los desencadenantes de su episodio. Esta actividad fomenta la autoconciencia basada en tres preguntas principales:

- ¿Por qué este problema o incidente te desencadena?

- ¿Cuál es tu reacción a este desencadenante en particular?

- Cuando te enfrentas a tu gatillo, ¿qué cosa en particular necesitas para recordarte a ti mismo para mantenerte en control?

Reestructuración cognitiva

El proceso tiene como objetivo corregir los patrones de pensamiento erróneos aprendiendo cómo ser más consciente según los pensamientos de la parte contribuyen al estado de ánimo del paciente, cómo identificar pensamientos problemáticos y cómo corregirlos. El terapeuta educa al paciente cómo examinar de cerca los pensamientos detectando distorsiones y promover una forma más equilibrada de pensar.

Consulte la hoja de trabajo de muestra titulada *"Errores de pensamiento y pensamientos equilibrados"* que pueden ayudar al paciente con este esfuerzo.

Gestión rutinaria

La rutina involucra al paciente en un conjunto regular y predecible de actividades. Esto les ayuda a alcanzar el ritmo necesario que necesitan para ayudar a estabilizar su estado de ánimo. Ejemplos de actividades para incluir en su horario diario incluyen ejercicios tempranos por la tarde, establecer un horario consistente para la hora de comer y dormir, hacer las tareas del hogar y crear planes sociales.

Mejorar las habilidades sociales

Algunas personas con trastorno bipolar tienen habilidades sociales inadecuadas que pueden deberse a su afección. Esto los hace sentir carentes o inciertos en este aspecto. Les ayudaría si pudieran aprender habilidades interpersonales esenciales empezando por desarrollar su autoestima y confianza. Prueba el "Ejercicio de autoestima" para ayudar a los pacientes a comenzar.

Mientras tanto, la hoja de trabajo de la muestra *"Factores protectores"* puede ayudar a los pacientes a ser conscientes de que tienen su propia fuente de fuerza, comodidad y esperanza a pesar de tener un trastorno. Los factores de protección pueden incluir las habilidades, habilidades, sistemas de apoyo del paciente, lecciones de sus experiencias anteriores y estrategias de afrontamiento.

Ejemplo de hojas de trabajo de trastorno bipolar

desencadenantes

Instrucción: Identifique y piense en sus 3 desencadenantes más fuertes y responda las siguientes preguntas a continuación.

#1 TRIGGER:

¿Por qué este problema o incidente te desencadena?

____

¿Cuál es tu reacción a este desencadenante en particular?

____

¿Qué cosa en particular necesitas para recordarte que te mantengas en control?

____

#2 TRIGGER:

¿Por qué este problema o incidente te desencadena?

____

¿Cuál es tu reacción a este desencadenante en particular?

____

¿Qué cosa en particular necesitas para recordarte que te mantengas en control?

____

#3 TRIGGER:

¿Por qué este problema o incidente te desencadena?

____

¿Cuál es tu reacción a este desencadenante en particular?

____

¿Qué cosa en particular necesitas para recordarte que te mantengas en control?

____

IDENTIFICACIÓN DEL ESTRÉS

Instrucción: Marque las casillas de todos los síntomas que ha conpasado el estresado. Haz lo mismo en las situaciones que se debe ser que el estrés. También puede especificar otros síntomas y los decenas de se incluyeron en el siguiente lista:

<table>
<tr><td>

<u>Síntomas de estrés</u>

- ☐ Baja energía
- ☐ Fatiga
- ☐ Insomnio / Falta de sueño
- ☐ Pesadillas
- ☐ Terrores nocturnos
- ☐ Sistema de la incada
- ☐ Tensión muscular
- ☐ jaqueca
- ☐ Muelas
- ☐ Dolor de estómago
- ☐ Diarrea Diarrea
- ☐ Delenamiento
- ☐ Dolor de espalda
- ☐ Temblando
- ☐ Sudar
- ☐ Sudoración en frío
- ☐ Boca seca
- ☐ Náuseas
- ☐ Inquietud
- ☐ Ataques de pánico
- ☐ Disminución de la libido
- ☐ Pensamientos de carreras
- ☐ Pérdida de enfoque
- ☐ Ansiedad
- ☐ Entumecimiento de brazos, piernas, dedos de los pies o dedos
- ☐ Sensación de hormigueo en brazos, piernas, dedos de los pies o dedos

Otros   (especificar):

</td><td>

<u>sedeantes</u>

- ☐ Dolor crónico
- ☐ Lesión
- ☐ Enfermedad
- ☐ Trauma
- ☐ Embarazo/Un nuevo bebé
- ☐ Trabajo
- ☐ Dejar el trabajo
- ☐ Nuevo trabajo
- ☐ Mal equilibrio entre el trabajo y la vida personal
- ☐ Escuela
- ☐ Hablar en público
- ☐ Reunión social
- ☐ Próxima boda
- ☐ Baja autoestima
- ☐ Conflicto
- ☐ Argumento
- ☐ Confrontación
- ☐ Un cambio importante en la vida
- ☐ Cuidar un enfermo desconocido
- ☐ Familia
- ☐ Padres
- ☐ Niños
- ☐ Experiencias pasadas
- ☐ El futuro
- ☐ Sentimientos de impotencia y desesperanza
- ☐ Dificultad para encontrar una solución un problema real

Otros (especificar):
____

</td></tr>
</table>

CONOCER LOS FACTORES PROTECTORES

Comprender la presencia de *factores protectores* en ti puede s en gran medida en tu salud mental de una manera positiva. Factores estos, no importa lo poco que sean, servir como fuerza cada vez que te sientas estresado o deprimido.

Instrucción: Piense en los factores de protección que

Ejercicio de autoestima

Instrucción: Completa las siguientes oraciones.

- Me encanta hacer...

____

- Mis mejores habilidades y talentos son...

____

- Soy bueno en ...

____

- Me siento bien y confiado cuando ...

____

- Me siento más feliz cuando...

____

- Me siento muy orgulloso de mí mismo cuando...

____

- En un futuro próximo, quiero (ser)...

____

- A la gente que me rodea le gusta cuando...

____

- Me encanta ayudar con...

____

- Me encanta extender la ayuda con la gente...

____

Capítulo 9

Probabilidades de Tener Trastorno Bipolar Hereditario

Bipolar puede correr en la familia. Este hecho se estableció a través de estudios familiares y gemelos que relacionan tantolos roles de los tic genéticos como el trastorno bipolar. Actualmente, los científicos están utilizando el proceso llamado *secuenciación genómica* para determinar aún más el posible papel directo de los factores genéticos en el trastorno.

El trastorno bipolar generalmente se considera uno de los trastornos de salud mental más transmisibles. Un estudio realizado por los investigadores del Instituto de Psiquiatría en King's College revela una alta conexión familiar con el trastorno bipolar. Estos son algunos detalles de sus hallazgos:

- Una descendencia con un padre que tiene trastorno bipolar y otro sin tener una posibilidad de 15-30% de desarrollar la afección.

- Una descendencia con ambos padres diagnosticada con trastorno bipolar tiene un 50-75% de probabilidades de tener el trastorno.

- Si un niño de la familia ya ha desarrollado la afección, hay un 15-25% de probabilidades de que otro niño también la tenga.

- Si uno de los gemelos idénticos tiene trastorno bipolar, hay alrededor del 85% de probabilidades de que el otro también lo desarrolle. Sin embargo, en otros estudios,la posibilidad es sólo de alrededor del38-43%; mientras que los gemelos fraternos tienen 4.5-5.6%.

- La edad de inicio es a menudo más temprana para los niños cuyos padres o abuelos tienen un caso grave de trastorno bipolar.

Incluso algunas características específicas del trastorno bipolar parecen exhibirse en las familias, incluyendo las polaridades (es decir, manía / hipomanía y depresión), la frecuencia de los episodios maníacos y depresivos, ciclo rápido, tendencias suicidas, trastorno de pánico, tendencias en el abuso de sustancias, y la manifestación de la psicosis.

La genética también desempeña un papel vital en el nivel de respuesta de una persona a varios medicamentos. Por ejemplo, cuánto puede ocurrir una determinada persona al litio durante la medicación en la familia. Aquellos que tienen dos genes DEL

CYP206 inactivos pueden procesar mal medicamentos como *aripiprazol* y *risperidona.*

Trastorno bipolar en niños y adolescentes

El trastorno bipolar a menudo se asocia con adultos, pero los niños, independientemente de su edad, también pueden tenerlo. El bipolar de inicio en la infancia generalmente está relacionado con un desarrollo más grave de la afección en comparación con aquellos que experimentaron los síntomas por primera vez durante su edad adulta. Para ello, la intervención es un factor crucial para controlar los síntomas.

Los síntomas del trastorno bipolar en niños y adolescentes no son los mismos que los de los adultos. Los adolescentes tienden a experimentar irritabilidad que eufórica durante sus episodios maníacos; mientras que pueden quejarse más de síntomas físicos que emocionales durante sus episodios depresivos.

Identificación de síntomas probables

Los niños y adolescentes tienden a mostrar cambios drásticos de humor y comportamiento de su estado de ánimo y comportamiento típicos (por ejemplo, un niño que normalmente es alegre comenzó a ser gruñón). Sin embargo, esta no debería ser la única base. Podría ser difícil saber cuándo los síntomas son lo suficientemente graves como para someter al niño a una evaluación y diagnóstico adicionales. Los padres deben considerar los siguientes factores básicos: *sentimiento, acción*y *familia.*

Los padres pueden usar las siguientes preguntas para ayudar primero a evaluar a su hijo:

Sensación

- ¿Mi hijo siente y cree que algo anda mal con ellos?

- ¿Mi hijo se preocupa demasiado? ¿Particularmente sobre cosas en las que los niños de su edad ni siquiera piensan?

- ¿Mi hijo se siente abrumado por las actividades típicas que hacen los niños normales de su edad?

Acción

- ¿Mi hijo puede asistir a la escuela regularmente?

- ¿Mi hijo puede jugar con otros niños de su edad?

- ¿Los comportamientos problemáticos de su hijo dificultan su vida diaria?

- ¿Sus dificultades exceden las necesidades de los otros miembros de su familia, incluyéndolo a usted?

Familia

- ¿Hay antecedentes de enfermedad en mi familia? ¿Y la familia de mi cónyuge?

Según los expertos, los niños con trastorno bipolar generalmente no muestran los síntomas exactos que se pueden ver en adultos con esta afección, pero los síntomas pueden incluir:

- Berrinches eruptivos que podrían durar hasta varias horas

- Irritabilidad

- Ansiedad por separación

- Hiperactividad

- Distracción

- Comportamiento impulsivo

- Mostrar comportamiento de oposición (por ejemplo, estado de ánimo enojado e irritable, comportamiento vengativo, comportamiento antagónico, etc.)

- Cambios de humor rápidos y/o frecuentes

- Comprometerse con demasiadas actividades o proyectos al mismo tiempo

- Frecuentes inquietos

- Discurso presionado

- Falta de sueño

- Terrores nocturnos o pesadillas

- Dificultad para levantarse por la mañana

- Pomposidad

- Letargo

- Baja autoestima

- Tendencias suicidas

Existe una gran probabilidad si el niño o adolescente tiene trastorno bipolar si ha mostrado los síntomas mencionados anteriormente y tiene antecedentes familiares de trastorno bipolar. A continuación, se recomienda a los padres que hablen con el médico del niño para que puedan ser referidos a un proveedor profesional de atención de salud mental.

El experto en atención de salud mental querría hablar con los padres y el niño para obtener una visión general de los signos y síntomas. Se aconseja a los padres que proporcionen información detallada sobre el estado de ánimo del niño, el nivel de energía, el comportamiento, los patrones de sueño y los antecedentes familiares para descartar posibilidades de otras afecciones como la depresión o el TDAH (Trastorno por Déficit de Atención e Hiperactividad).

Tratamiento

En la mayoría de los casos, el trastorno bipolar se puede controlar durante toda la vida de una persona y el tratamiento puede requerir los cambios necesarios. A continuación se presentan los procedimientos de tratamiento más recomendados para niños y adolescentes:

Terapia deconversación: Un terapeuta educa al niño todo lo que tiene que saber sobre su condición, manejando los síntomas del trastorno bipolar, así como afrontando estrategias o técnicas. La terapia a menudo incluye a toda la familia para proporcionar un enfoque holístico de la curación. La terapia a menudo aborda los problemas de manejo del comportamiento, las dificultades de relación y los métodos para ayudar a toda la familia a manejar mejor la enfermedad del niño.

Medicamentos: Un psiquiatra puede recetar medicamentos para controlar o estabilizar el estado de ánimo del niño. Es esencial que los padres supervisen de cerca el medicamento del niño para reconocer fácilmente si hay efectos secundarios. También es importante que los padres entiendan que encontrar el medicamento y la dosis adecuados toman bastante tiempo ya que la capacidad de respuesta del niño a estos podría verse afectado por la genética.

También podría ser necesaria una hospitalización psiquiátrica si el niño presenta síntomas bipolares graves y presenta un riesgo grave de seguridad, como autolesiones, psicosis o intento de suicidio.

El tratamiento funciona mejor cuando los padres, terapeutas, proveedores de atención médica, médicos y el niño cooperan como equipo. Entonces es de suma importancia que los padres atiendan las citas de sus hijos, aprendan continuamente y se comuniquen con otros proveedores de tratamiento para que puedan entender más las necesidades de salud mental de su hijo.

El psiquiatra o terapeuta del niño puede solicitar a los padres que supervisen, registren y registren constantemente el progreso del niño para determinar la eficacia de la terapia y los medicamentos.

Comorbilidad

Muchos niños con afección bipolar tienen una afección mental adicional, trastorno conductual o adición. Por ejemplo, un estudio de investigación ha declarado que debe haber 60-90% jóvenes que tienen trastorno bipolar también tienen TDAH (Trastorno por Déficit de Atención e Hiperactividad. También es común que los niños y adolescentes con trastorno bipolar experimenten abuso de sustancias, trastornos de ansiedad y trastornos de conducta disruptivos.

Apoyo en el hogar

El trastorno bipolar tiene un impacto en toda la familia. Por lo tanto, es crucial que cada miembro coopere y ayude al niño a controlar los síntomas de la afección. Como primer paso, deben aprender todo lo que puedan sobre la enfermedad y la investigación sobre las últimas opciones de tratamiento. Es importante que los padres ayuden a los hermanos del niño con trastorno bipolar a entender esta afección y cómo necesitan hacer ajustes para ayudarse unos a otros.

La comunicación es vital para la familia. Deben mantener conversaciones regulares sobre el tratamiento y los asuntos relacionados con el tratamiento. Existe una gran probabilidad de que el niño con el trastorno rechace la medicación o asista a su terapia. La familia debe estar constantemente preparada para alentar al paciente, reiterar la importancia de seguir el procedimiento de tratamiento y, lo que es más importante, mostrar su amor y cuidado el uno por el otro.

Además, los miembros de la familia (aquellos sin el trastorno) no deben olvidarse de cuidarse a sí mismos. Vivir con el reto de cuidar a un miembro de la familia con trastorno bipolar puede ser realmente estresante. También deben tener un sistema de apoyo sólido para ayudarles a satisfacer sus necesidades mentales y emocionales.

Apoyo en la escuela

Los padres deben coordinarse con la escuela de sus hijos si han sido diagnosticados con trastorno bipolar. Los maestros y los funcionarios de la escuela pueden ayudarlo con una estrategia que mejor respalde las necesidades educativas del niño.

Las necesidades de aprendizaje del niño dependen de sus síntomas y dificultades académicas. Por ejemplo, el niño muestra problemas de comportamiento en la escuela. Luego, los maestros elaborarían un plan de comportamiento que incluye medidas disciplinarias apropiadas. Si el niño encuentra dificultades relacionadas con sus estudios, la escuela puede ayudar, por ejemplo, al modificar el horario de clasedel niño, proporcionando un pase de sala para que les permita visitar al consejero escolar cuando sea necesario.

Capítulo 10

Vivir con Trastorno Bipolar

La vaina con una afección mental, en este caso, un trastorno bipolar, puede ser emocionalmente agotadora. El individuo que lo tenga tendrá que enfrentar desafíos prácticos, emocionales y sociales. Sin embargo, esto no significa que no puedan vivir su vida plenamente.

Los profesionales de la salud mental pueden diseñar estrategias que puedan ayudar a la persona con trastorno bipolar a enfrentar su vida diaria. También pueden ayudar al paciente a conectarse con otras personas con la misma afección que realmente pueden entenderla. El paso más importante es tender la mano.

Desafíos emocionales

Es normal que una persona con trastorno bipolar se enfrente a dificultades emocionales, por lo que necesita un sistema de apoyo sólido que entienda por lo que está pasando. Aparte de familiares y amigos, también hay grupos de personas con la misma condición de salud mental que están dispuestos a extender su ayuda y apoyo. La tecnología moderna permite a cualquier persona dispuesta a comunicarse para encontrar apoyo en línea incluso de aquellos del otro extremo del mundo.

Conocer y hablar con otras personas que sufren las mismas experiencias puede proporcionar a una persona que sufre de trastorno bipolar un fuerte apoyo, especialmente en el tratamiento de temas como un estigma social. Estas personas pueden compartir sus valiosas experiencias y recursos que pueden ser útiles.

Relaciones

Decirle a una pareja romántica acerca de esta condición es de importancia y definitivamente no es algo que se debe ocultar. El trastorno bipolar puede afectar la vida sexual de uno y dejar que la otra persona entienda esta condición sirve como una clave para una relación saludable.

Terapia de conversación

La terapia psicológica puede ayudar en gran medida a una persona con trastorno bipolar a controlar la enfermedad de diferentes maneras como en la toma de decisiones. Por ejemplo, el paciente está teniendo dificultades para hablar sobre su condición a su propia familia, amigos o empleador. Las sesiones de terapia también ayudan en gran medida con el proceso de curación.

Derrotar el estigma social

El trastorno bipolar, como cualquier otra enfermedad mental, puede ser estigmatizante. Otras personas que no entienden la condición fácilmente etiquetan a aquellos con ella como alguien loco, perjudicial o malvado. Se convierten en receptores de discriminación y hostilidad. Incluso amigos, colegas y familiares los rechazan o se ríen de ellos.

El estigma se origina en el miedo, la ignorancia y los prejuicios. Estos son algunos ejemplos de cómo las personas podrían responder cuando una persona con trastorno bipolar revela su enfermedad:

- *¿Quieres decir que puedes cambiar el interruptor en cualquier momento y empezar a apuñalarnos o algo así?* **(por ignorancia y miedo)**

- *Oh Dios, ¿no es difícil? Quiero decir, eres uno de ellos, ¿verdad?* Entonces evita completamente a la persona. **(prejuicio)**

- *¿Bipolar? ¿No es la enfermedad mental mensual de una mujer?* **(ignorancia)**

Debido al estigma, algunas personas con trastorno bipolar se ven obligadas a ocultar su diagnóstico por miedo a la discriminación. Como resultado, no reciben el tratamiento y el apoyo que necesitan para controlar sus síntomas.

Con el fin de luchar contra el estigma, sería útil educar a otros sobre esta condición. Esto traerá más conciencia y pronto, la gente entenderá que no tiene que temer a las personas con esta condición. Sería un esfuerzo difícil, pero si esto se convierte en conocimiento común, sería mucho más fácil para las personas con trastorno bipolar ser aceptado y obtener el apoyo que necesitan.

Lucha contra el abuso de sustancias

Las personas con trastorno bipolar que se sienten presionadas por su condición y el estigma que mantiene podrían recurrir al abuso de alcohol o drogas en un intento de aliviarse de las emociones negativas.

Según los informes de la Universidad Médica de Carolina del Sur, el abuso de sustancias sucede a alrededor del 30-60% de los pacientes con trastorno bipolar. El abuso generalmente es exhibido por pacientes bipolares que individuos con trastorno de ansiedad social, trastorno de pánico y trastorno de estrés postraumático. Además, alrededor del 30% de los consumidores de cocaína y alrededor del 4% de los alcohólicos cumplen con los criterios diagnósticos para el trastorno bipolar.

Los expertos creen que el abuso de sustancias entre individuos con trastorno bipolar es más probable que se origine a partir de causas fisiológicas o biológicas, aunque también hay cau ses psicológicos ysociales. Las personas a las que les resulta más difícil controlar su condición bipolar son más propensas a probar drogas. Dado que encuentran alivio temporal cuando consumen drogas o beben alcohol, continúan conelsiéndolos hasta que poco a poco comienza a ser un ciclo.

Herramientas médicas de trastorno bipolar

Tarjetas de identificación de alerta médica o joyas para ciertas condiciones médicas se hacen en caso de emergencias. Estas afecciones incluyen problemas cardíacos, Alzheimer, trastornos de la sangre y alergias a alimentos o drogas. Sin embargo, lo que la mayoría de la gente no sabe es que incluso los pacientes con problemas de salud mental, particularmente aquellos que toman regularmente medicamentos, deben considerar el uso de identificaciones médicas. La información indicada puede salvar la vida del portador durante una emergencia potencialmente mortal.

Razones para usar joyas de alerta médica para el trastorno bipolar

Durante una situación de emergencia, una persona con trastorno bipolar puede tener problemas para comunicarse, comportarse de manera disruptiva, desorientarse o incluso resistirse al tratamiento.

A continuación se presentan razones más plausibles por las que una persona con trastorno bipolar debe considerar seriamente usar joyas de alerta médica (por ejemplo, collares o pulseras):

- El personal médico puede dar inmediatamente el tratamiento adecuado de primeros auxilios o una acción médica rápida durante una situación de emergencia en la que el paciente podría estar inconsciente o no poder hablar.

- Las joyas de alerta médica disminuyen los errores de tratamiento que podrían ocurrir cuando los médicos no tienen los registros de salud del paciente al ingresar al hospital.

- Los socorristas pueden evaluar rápidamente a un paciente en función de las joyas médicas que llevan.

- Las joyas de arte médico pueden prevenir situaciones en las que a un paciente se le podría administrar un medicamento psiquiátrico que puede ser peligroso para su condición.

- Lo creas o no, usarlo podría ayudar al paciente a recordar su deseo de vivir cada vez que tenga pensamientos suicidas.

Tipos de joyería de alerta de identificación médica

Cualquier persona puede encontrar la pieza de identificación médica que sea más adecuada para ellos. Hay una amplia gama de selecciones: pulseras, collares, relojes, puños, tobilleras, bandas deportivas, etiquetas para perros e incluso encantos. Si la joyería no es la taza de té, siempre pueden optar por una simple tarjeta de identificación médica que es la alternativa común y puede contener información más detallada en comparación con un simple emblema. Algunas empresas incluso producen con envases de píldoras grabados, también.

Aquí hay algunos puntos sobre cómo saber qué joyería de alerta de identificación médica se adapta mejor a usted:

Tipo de joyería. El paciente debe preguntarse qué tipo de joyería de alerta encuentra cómoda usando, si no todo el tiempo, al menos la mayor parte del tiempo. Con esto, usted tiene que considerar las actividades regulares que generalmente participa en. Dos de las piezas más populares son collares y pulseras, ya que el personal de EMS está capacitado para mirar primero alrededor de las áreas de muñeca y cuello en caso de una emergencia.

Material y durabilidad. Aunque los materiales afectan el precio de la pieza de joyería, uno tiene que tener en cuenta seriamente al respecto. Recuerde que las identificaciones médicas son tan fuertes como el material utilizado para crearlas. Por ejemplo, los documentos médicos hechos de material de silicona son más asequibles y más adecuados para las personas con un estilo de vida activo ya que es elástico y resistente al calor. Estos documentos de identificación suelen venir en colores vibrantes para que los niños sean parciales sobre ellos. Por otro lado, los adultos tienden a elegir identificaciones médicas hechas de acero inoxidable, pero si uno tiene que considerar si tienen alergias al metal. Afortunadamente, los ID de metal también pueden venir con protección de tela.

Estilo personal. Hay diferentes estilos de joyería de identificación médica: clásica, vintage, moderna, urbana, etc. Algunas personas prefieren tener más de una pieza para adaptarse mejor a su moda, estilo y estado de ánimo.

Opciones de grabado. La información grabada proporciona fácilmente a los respondedores médicos la información que necesitan para salvar su vida en caso de una emergencia. Es importante que el paciente considere las cosas más cruciales que deben indicarse en sus joyas de identificación médica.

Información para incluir

Por lo general, la información personal del paciente está grabada en la parte posterior de la identificación médica de las joyas de alerta. Puede tener información como el nombre del paciente, la condición médica, el número de contacto de emergencia, las alergias y los medicamentos.

Aparentemente, la cantidad de espacio en un emblema de joyería es limitada solamente (normalmente, sólo puede soportar de tres a cinco líneas de aproximadamente quince caracteres cada una) por lo que los detalles sólo deben ser breves y concisos. Si uno necesita más espacio, tiene la opción de tener una tarjeta de identificación médica y una pieza de joyería que puede alertar a los respondedores de que llevan una tarjeta de identificación. A continuación se muestra un ejemplo:

Cualquier detalle que el paciente no pueda incluir en su etiqueta o joyas siempre se puede indicar en su tarjeta de identificación médica para facilitar la referencia. No se debe olvidar incluir su nombre, dirección, fecha de nacimiento y números de contacto en caso de emergencia, el nombre del médico del paciente junto con los números de contacto, condición médica, medicamentos y la fecha en que se imprimió la tarjeta. También debe especificar si el paciente tiene un testamento vital o si es un donante de órganos.

Un nuevo tipo de alerta de identificación médica son las pegatinas de alerta médica basadas en códigos QR. Cuando se escanea, dirige directamente a los respondedores a un servicio web que aloja la información de emergencia del paciente. Este es un método bastante eficaz ya que el almacenamiento web puede contener información ilimitada.

Establecer un estilo de vida, rutina y hábitos saludables

Los hábitos rutinarios y saludables cuando uno tiene trastorno bipolar les ayudan a mantener la estabilidad en su vida diaria. Esto también mantiene los factores de estrés al mínimo, ayudando al individuo a eliminar los desencadenantes que pueden conducir a episodios. Por lo tanto, la planificación de las cosas debe practicarse para evitar que los episodios ocurran con frecuencia.

Planificar la rutina y mantenerla puede ser un reto, pero ofrece un gran alivio para cualquier persona con la afección. Los siguientes puntos pueden ayudar a las personas con trastorno bipolar a comenzar en este esfuerzo. También se recomienda consultar a su terapeuta y médico antes de poner las cosas en marcha.

Se cree que las personas con el trastorno tienen una alteración en su sueño, así como ritmos circadianos. Esto influye en parte en la producción de sus síntomas. Los expertos descubrieron que las rutinas de sueño son extremadamente cruciales para las personas con la afección, ya que la privación del sueño es uno de los principales desencadenantes de los episodios maníacos.

El sueño juega un papel vital en la formación del régimen diario de un paciente. Esto implica apegarse al tiempo de sueño y despertar designado. El resultado de esta rutina determina cómo va a ser el día de las personas.

Estas son algunas ideas sobre cómo una persona con trastorno bipolar puede establecer su rutina de sueño:

Acondicionado

Tener un horario al final del día indica el cerebro de un individuo que el día está llegando a su fin y finalmente conduce a la hora de dormir. Por ejemplo, uno puede tomar un baño caliente (y otras rutinas de higiene personal) después de la hora de la cena y después de eso leer un libro mientras bebe una taza de té de manzanilla. Antes de finalmente dirigirse a la cama, también pueden probar ejercicios de respiración simples, meditación o decir sus oraciones.

Buena higiene del sueño

Esto implica asegurarse de que la cama es lo suficientemente cómoda (por ejemplo, ropa de cama limpia y organizada); la habitación tiene la temperatura correcta; eliminando la luz y el ruido, ya que pueden engañar al cerebro que todavía es de día y, por lo tanto, todavía no es tiempo para dormir. También se debe evitar poner un televisor dentro del dormitorio o poner un espacio de oficina allí. Utilice estrictamente el dormitorio sólo para dormir y hacer el amor.

Mantener un diario de "preocupación"

Escribir preocupaciones en un diario puede ayudar al paciente a olvidar momentáneamente sus preocupaciones. Esto se debe a que el cerebro piensa que ya no necesita recordar esas cosas ya que ya han sido escritas y esto ayuda a la persona a irse a dormir.

Ejercicios de respiración simple

Los pacientes que les resulta difícil dormir pueden usar ejercicios de respiración simples. Todo lo que tienen que hacer es concentrarse en su respiración. No necesariamente tienen que cambiar su patrón de respiración, sino que simplemente lo observan y cuentan sus respiraciones (por ejemplo, inhalar uno, exhalar dos, etc...). Si su mente comienza a preguntarse, entonces simplemente pueden empezar de nuevo y repetir la secuencia.

Evitar dispositivos electrónicos

Los dispositivos electrónicos son psicológica y fisiológicamente estimulantes y, por lo tanto, pueden tener efectos adversos en el sueño. Lo que sucede es que dispositivos como teléfonos inteligentes, tabletas y computadoras portátiles retrasan el reloj interno del cuerpo (también conocido como el *ritmo circadiano)*. También restringe la liberación de la hormona inductora del sueño llamada *melatonina,*lo que hace más difícil para una persona dormirse. La luz azul artificial de las pantallas puede interrumpir el sueño. Cuantos más gadgets se usen, más difícil sería para ellos dormirse.

Por otra parte, los sonidos procedentes de varias notificaciones de aplicaciones, un mensaje o una llamada en el medio de la noche pueden afectar la calidad del sueño de una persona. Para garantizar una buena noche de sueño, uno necesita apagar sus teléfonos o al menos ponerlo en un entorno DND.

Si es para la relajación, el estilo clásico de la lectura bajo la luz de la lámpara hace una gran elección.

Dieta saludable y ejercicio diario

Una dieta saludable es un hábito de vida esencial para una persona con trastorno bipolar. Los estudios muestran que alrededor del 70% de las personas con trastorno bipolar tienen sobrepeso u obesidad. También tienen un mayor riesgo de desarrollar otras condiciones de salud como enfermedades cardiovasculares y diabetes. Para reducir el riesgo de desarrollar estas condiciones, uno debe observar una dieta saludable y una rutina de ejercicio regular.

En un estudio de investigación de 2013,los expertos descubrieron que las personas con trastorno bipolar son más propensas a estar involucradas en la alimentación por atracón en comparación con la población general. Esto podría ser un efecto secundario de la medicación o un efecto durante los episodios depresivos.

Los médicos no saben exactamente qué causa el trastorno bipolar, pero creen que es un producto de desequilibrio químico en el cerebro. Estos químicos del cerebro incluyen dopamina, serotonina, y noradrenalina. La serotonina, en particular, puede afectar el apetito. Cuando los niveles de serotonina son bajos, la gente comienza a anhelar dulces y carbohidratos.

Estos son algunos consejos generales sobre cómo mantener una dieta equilibrada:

- Mantenga un horario de alimentación regular

- Coma muchas frutas y verduras frescas y asegúrese de que la dieta sea variada

- Haga un plan de comidas y una lista de alimentos y luego observe estrictamente

- Aprender y practicar nuevas recetas para ayudar a establecer hábitos alimenticios saludables

A continuación se muestra una lista de alimentos que pueden ayudar a mejorar y controlar los episodios del estado de ánimo:

- Frutas y verduras frescas

- Granos enteros

- Huevos

- Pescado de agua fría (por ejemplo, salmón, anchoas, trucha y atún ligero enlatado y sardinas)

- Productos de soja

- Nueces y semillas

- Carnes magras

- Legumbres

- Hígado

- Lácteos bajos en grasa

Mientras tanto, aquí está la lista de alimentos a evitar:

- Alcohol

- Alimentos ricos en azúcar y sodio

- Alimentos ricos en grasas trans y grasas saturadas

- Alimentos procesados

Limita la cafeína ya que puede afectar tu tiempo de sueño y también afectar tu estado de ánimo. Evite beber demasiado café, refresco, té y chocolate. Si estás planeando eliminar la cafeína de tu dieta, hazlo gradualmente para evitar dolores de cabeza y otros signos de abstinencia de cafeína.

Ejercicio regular

El ejercicio regular y moderado ayuda a equilibrar los estados de ánimo y también impide una gran cantidad de problemas de salud como enfermedades cardiovasculares y obesidad. Es posible que las actividades físicas no tengan una ayuda directa o una influencia en el trastorno bipolar, pero los estudios concluyeron que podrían ayudar a prevenir episodios depresivos y canalizar energías adicionales durante los episodios maníacos.

Ejercicios aeróbicos como bailar, correr, caminar, nadar y escalar – todas las actividades físicas para mantener activos los brazos y las piernas son suficientes para reducir los síntomas depresivos. Trate de reservar al menos 30 minutos de su tiempo todos los días para esta actividad. Puede dividir este período en, digamos, tres sesiones de diez minutos dispersas durante todo el día. Además, puedes comenzar con ejercicios simples como caminar y trotar.

Todavía hay una necesidad de más estudios de investigación con el fin de determinar cuánto exactamente un individuo con trastorno bipolar necesita comprometerse, con qué frecuencia, y qué tan intensos deben ser estos entrenamientos ya que los factores físicos y psicológicos deben ser considerados.

Practicar la moderación

Las personas que sufren de trastorno bipolar tienen un mayor riesgo de participar en conductas adictivas. Una investigación descubrió que alrededor del 56% de las personas con esta condición tenían en algún momento de su vida experimentaron adicción al alcohol o a las drogas. Esto podría deberse a que ciertas partes del cerebro juegan el papel de perseguir experiencias gratificantes y las personas con trastorno bipolar tienen una activación más fuerte en estas partes que los impulsan a comportarse de una manera más precaria.

Sin embargo, también hay un lado positivo de esto. Algunos expertos creen que esta actividad cerebral hace que las personas trabajen apasionadamente por sus metas y visiones.

Estos son algunos consejos para evitar estas tendencias adictivas:

- Pídele apoyo a familiares y amigos, especialmente en cualquier decisión que ayude a evitar que uno mismo recurra a cualquier comportamiento destructivo o adictivo

- Busque ayuda profesional si este problema ya existe

- Sea más educado y consciente de estas tendencias

Recuerde que el abuso de sustancias requiere un tratamiento separado. Debe abordar tanto el trastorno bipolar como los problemas de adicción con su equipo de atención médica.

Controlar el estrés

La ansiedad puede empeorar los síntomas del estado de ánimo del paciente, por lo que encontrar tiempo para relajarse es muy importante. Sin embargo, la idea de relajación para las personas con trastorno bipolar no es similar a las que no tienen la afección. Mentir todo el día, observar atragantadamente o revisar las cuentas de redes sociales debe ser desalentado. En su lugar, deben elegir actividades que les ayuden a estar más enfocados.

Yoga y meditación son lo primero en la lista de actividades de relajación. La meditación, en particular, hace que sea más fácil para las personas con trastorno bipolar lograr relajación. Todo lo que necesitan hacer es simplemente concentrarse en su respiración durante un par de minutos, y dejar que los pensamientos vayan y vengan sin poner demasiada atención en ellos.

Otras maneras de aliviar el estrés incluyen escuchar música, pintar o dibujar, escribir (incluso pensamientos aleatorios), hornear, leer y simplemente pasar tiempo con amigos o seres queridos.

Establecimiento de la estructura

Tener un plan para el horario diario del paciente puede ayudarlos a tener la determinación de cumplir con metas, objetivos y tareas cotidianas. Sin estructura, sólo se quedarían involucrados en actividades incumplidas, como ver la televisión durante horas, jugar juegos móviles y alejarse. Perder el tiempo hace que las vidas improductivas y también contribuyan a la baja autoestima.

Por otro lado, el trabajo proporciona naturalmente organización y estructura. Ayuda a las personas con trastorno bipolar a vivir sus vidas teniendo metas y visión en la vida. Por ejemplo, pueden incorporar clases de yoga, clases culinarias, trekking, servicio comunitario y jugar al tenis a su horario semanal. A continuación se presentan algunos consejos que permiten a las personas aportar estructura a su vida diaria:

Tomar nuevos pasatiempos

Los episodios maníacos también se pueden ver con una luz diferente. Es un gran momento para que un individuo con trastorno bipolar dé rienda suelta a su creatividad interior y canalice positivamente la energía extra. Dicho esto, es un momento oportuno para tomar nuevos pasatiempos que ayudarán a controlar los síntomas bipolares. Los siguientes son algunos de ellos:

Música. La música tiene efectos terapéuticos incluso para una persona promedio, más aún para las personas que experimentan emociones extremas. Aprender a tocar un instrumento musical o reiniciar para tocar uno antiguo puede ser beneficioso. Crear un horario regular para la práctica puede contribuir a su objetivo de establecer la estructura en la vida cotidiana.

Jardinería. Cultivar un jardín es considerado como un pasatiempo ideal para las personas con trastorno bipolar. Se necesita mucho tiempo y esfuerzo sólo para cultivar uno, por lo que es una actividad perfecta para gastar el exceso de energía. Los sentimientos de orgullo y satisfacción al ver el resultado del trabajo duro pueden prevenir efectivamente los episodios depresivos.

Artes y Oficios. Elaborar algo único ayuda a los pacientes a pasar su tiempo de forma productiva. Esta actividad también puede ayudar a aumentar la autoestima. La energía maníaco se puede utilizar para producir algo que puede ser beneficioso para uno mismo y para otras personas, también.

Escribir. Uno no tiene que aspirar a ser el próximo JK Rowling o Shakespeare sólo para comenzar con este hobby. Escribir es un gran método para organizar pensamientos e ideas durante los episodios maníacos. Además, este hobby puede mejorar el enfoque y la concentración. Reserva una hora cada día (preferiblemente por la mañana o por la noche) para plumar esos pensamientos.

Ecoterapia. Explorar el gran aire libre a través de actividades como senderismo, senderismo, caminar, acampar o hacer yoga al aire libre puede contribuir positivamente al estado de ánimo y el manejo del estrés. La ecoterapia reduce los síntomas depresivos bipolares e incluso ayuda a aumentar la autoestima en el proceso.

También se anima a los pacientes a mantener múltiples pasatiempos, ya que algunos sólo se pueden hacer durante ciertas épocas del año (por ejemplo, actividades de senderismo o acampada podrían no hacerse regularmente durante la temporada de invierno) mientras que otros no toman demasiado tiempo.

Crianza de mascotas

Algunos pacientes bipolares confesaron que cuidar de las mascotas, como perros y gatos, añade un propósito a su vida diaria. Los estudios muestran que la crianza de mascotas ayuda a las personas con trastorno bipolar a controlar sus síntomas. La idea de tener a alguien que confía en ellos les dota de suficiente motivación y fuerza para salir de la depresión, minimizar algunos efectos secundarios de su medicación, y controlar los cambios de humor.

El uso de mascotas como parte de la terapia no puede considerarse algo nuevo. Los perros y gatos son llevados con frecuencia a hospitales o residencias de ancianos para animar a los enfermos y a los ancianos. Hay varias razones por las que uno tiene que considerar la crianza de mascotas cuando tienen trastorno bipolar y algunas de estas son:

***Las mascotas dan amor*incondicional.** Mientras que a los amigos y familiares les puede resultar difícil entender cómo el trastorno afecta toda la vida del paciente, las mascotas siempre son solidarias y cariñosas. Su apoyo inquebrantable y compañía ayuda a restaurar la empatía del paciente y reducir los síntomas.

__Las mascotas ayudan con la vida social del__paciente. Las mascotas atraen innatamente a la gente y, como resultado, ponen a sus dueños en un entorno social. Esto da a estas personas la oportunidad de estar con otros amantes de las mascotas y ganar amigos en el proceso.

__Las mascotas pueden hacer que las personas con trastorno bipolar se sientan__seguras. Algunas razas de perros pueden hacer que uno se sienta seguro por su presencia sola. Las personas con trastornos mentales generalmente se sienten vulnerables, por lo que tener una mascota puede aliviar esta sensación e incluso disuadir los síntomas.

Las mascotas pueden ser un amigo de entrenamiento. Como se mencionó, las personas con trastorno bipolar tienen un mayor riesgo de tener sobrepeso u obesidad. Las mascotas, en particular los perros, pueden ayudar a recortar el peso innecesario dando a sus dueños la responsabilidad de guiarlos. Ayudan a liberar la hormona "sentirse bien" llamada oxitocina, que a su vez estabilizan los estados de ánimo de sus propietarios.

Establecimiento del contacto con sus seres queridos

Ponerse en contacto con sus seres queridos también funciona como parte integral de su sistema de apoyo diario. Hablar sobre lo que tienen que lidiar a diario proporciona alivio. Si establecer contacto con la propia familia es difícil, una persona siempre puede encontrar apoyo emocional de sus amigos y su propio terapeuta (o psiquiatra). Tener citas regulares, no solo durante "tiempos de crisis", con el terapeuta o psiquiatra es importante para mantener el bienestar mental.

Monitoreo de los síntomas

Las personas con trastorno bipolar deben considerar el uso de un rastreador de estado de ánimo con el fin de realizar un seguimiento fácil de su estado de ánimo, cumplimiento de medicamentos, y hábitos de sueño. Esto es especialmente necesario cuando se les diagnostica con la afección, ya que les ayuda a identificar los desencadenantes de sus episodios. Aquí están algunas de las mejores aplicaciones de seguimiento del estado de ánimo para cualquier persona con trastorno bipolar:

1) Stop Breathe Think (Android e iOS, gratis)

2) T2 Mood Tracker (Android e iOS, gratis)

3) Medisafe Píldora Recordatorio & Rastreador de Medicamentos (Android e iOS, gratis)

4) Registro de estado de ánimo (solo Android, gratis)

5) Ciclo de sueño (Android e iOS, disponible en versiones gratuitas y de pago)

Tomar medicamentos

Tomar medicamentos debe ser un hábito como comer. Algunos pacientes incluso necesitan tomarlos varias veces a lo largo del día. Para ello, uno debe aprender a organizar sus medicamentos y formas de dispositivo para que no lo olviden. El uso de un pastillero y la configuración de la alarma ayuda en gran medida con este esfuerzo.

También hay medicamentos alternativos que se pueden utilizar para aliviar los síntomas del trastorno bipolar. Sin embargo, se recomienda encarecidamente que uno debe consultar a su médico antes de usarlos. Estos remedios alternativos incluyen:

- Rhodiola Rosea (raíz dorada o raíz ártica)

- Ginkgo

- Valeriana

- Pasiflora

- Colina

- Los ácidos grasos omega 3

- N-acetilcisteína (NAC)

- S-adenosylmethionine

Capítulo 11

Ansiedad Grave

De vez en cuando, nos sentimos demasiado nerviosos. Cuando estamos bajo ataque de estrés, nos sentimos ansiosos. Es porque la ansiedad es una reacción humana normal cuando se somete a cualquier factor estresante. Pero cuando una persona tiene un trastorno de ansiedad, estos sentimientos de preocupaciones y temores no son sólo temporales, sino que pueden persistir y eventualmente empeorar si no se trata.

La ansiedad puede causar un deterioro grave de la capacidad de una persona para funcionar – en el trabajo; en la escuela o en cualquier función social y puede interferir con la relación de un individuo con otras personas. Es una suerte que ahora hay maneras de tratar la ansiedad severa si usted tiene un trastorno de ansiedad.

En algunos casos, los medicamentos pueden ayudar a tratar el trastorno de ansiedad. Sin embargo, investigaciones recientes muestran que el tratamiento conductual es más eficaz y también se puede combinar con medicamentos. Aquí es donde la TCC puede ayudar. Para que la TCC sea eficaz, primero tenemos que entender la ansiedad y cómo funciona y afecta a las personas.

Comprender la ansiedad

El trastorno de ansiedad es frecuente, especialmente en adultos y adolescentes. Según el Instituto Nacional, el 25% de las edades de 13-18 años de los adolescentes están experimentando ansiedad y el 18% de los adultos estadounidenses. El cuatro por ciento de estas cifras en adultos se clasifican como trastorno de ansiedad grave, mientras que los adolescentes tienen un 6 por ciento.

Los trastornos de ansiedad se clasifican en diferentes tipos y los considerados como tipos principales son los siguientes:

Los cinco tipos principales de trastornos de ansiedad son:

- Trastorno de Ansiedad Generalizada (GAD)

- Trastorno obsesivo-compulsivo (TOC)

- Trastorno de Ansiedad Social (SAD)

- Trastorno de estrés postraumático (TEPT)

- Fobias

Trastorno de Ansiedad Generalizada (GAD)

El Trastorno de Ansiedad Generalizada se caracteriza por una preocupación persistente y extrema sobre casi todo: problemas de salud, finanzas, familia, carrera, negocios incluso con pocas provocaciones o nada que valga la pena.

Cuando conoces a alguien que se preocupa demasiado, incluso no hay razón suficiente para hacerlo, entonces esa persona podría estar sufriendo de Trastorno de Ansiedad Generalizada (GAD).

Gad se caracteriza por la ansiedad extrema o la preocupación excesiva por todo - desde las finanzas, la salud, la carrera, e incluso esas pequeñas cosas pequeñas en la vida de cada día. La gente con Gad siempre espera que ocurra un desastre. Muy a menudo que no, estas preocupaciones se basan en algo poco realista.

Debido al miedo y la ansiedad que siempre está presente en la vida de alguien con GAD, su funcionamiento normal se ve afectado e interfiere con sus actividades y relaciones.

Síntomas de GAD

GAD afecta la mente del individuo, pero también trae síntomas físicos. Otros síntomas de GAD son:

- Se acumulan preocupaciones y tensiones excesivas

- Inquietud y siempre al límite

- Vista poco realista

- Fácilmente irritado o irritable

- Sudar

- jaqueca

- Náuseas

- Dificultad en la concentración

- Temblando

- Sensación de fatiga

- Micción frecuente

- Fácilmente sorprendido

- Dificultad para dormir

Las personas con DAG también son propensas a otros trastornos de ansiedad como el trastorno de pánico y las fobias, la depresión clínica, el trastorno obsesivo compulsivo o las drogas, y el abuso del alcohol.

¿Qué causa el GAD?

Por desgracia, la causa exacta de GAS aún no está identificada, pero hay varios factores, incluyendo la genética, el estrés ambiental y la química del cerebro que parecen contribuir al desarrollo del GAS.

Genética

Algunas investigaciones señalan que la herencia tiene algo que ver con el desarrollo de GAT en una persona. Esto significa que hay una tendencia que se transmite de generación en generación.

Química cerebral

Un examen más detallado del cerebro de una persona con GAD reveló un funcionamiento anormal de ciertas vías de las células nerviosas que se conectan a esa región en el cerebro responsable según el pensamiento y el sentimiento. Estas conexiones de las células nerviosas dependen de neurotransmisores o productos químicos que transmiten información de una célula nerviosa a la siguiente célula en línea. Si sucede que las vías que se conectan a esa región cerebral en particular no funcionan como deberían, entonces pueden surgir problemas relacionados con el estado de ánimo o la ansiedad. Psicoterapias y otros tratamientos están orientados a ajustar estos neurotransmisores para mejorar las señales entre circuitos con el fin de mejorar los síntomas relacionados con la ansiedad y la depresión.

Factores ambientales

Cuando los eventos traumáticos ocurren en la vida de una persona provocada por la pérdida de un ser querido, accidentes, ser sometido a abuso y violencia, cambio de empleo, escuelas o residencia, GAD puede desarrollarse y empeorar cuando se expone a demasiado estrés. El uso de drogas y otras sustancias adictivas como el alcohol, la cafeína y la nicotina también puede aumentar más la ansiedad recurrente.

¿Cómo se trata GAD?

Cuando no hay ninguna condición médica que pueda causar ansiedad grave, la persona debe ser referida a un psiquiatra, psicólogo o cualquier profesional de atención de salud mental especializado en trastornos de salud mental. La mayoría de las veces Gad se trata mediante el uso de una combinación de tratamiento cognitivo conductual y medicamentos.

Terapia cognitivo-conductual

Las personas que sufren de trastornos mentales, como la GAT, pueden ser tratadas con TCC. A través de este enfoque, se enseña a una persona a ser consciente de sus patrones y pensamientos conductuales que causan esos sentimientos ansiosos. A través de esta terapia, el pensamiento distorsionado del individuo se limita al ver la preocupación en un punto de vista más realista.

Además de la TCC, las técnicas de relajación, como la respiración y la meditación, pueden ayudar a relajar la tensión muscular asociada en gran medida con el GAD.

Trastorno obsesivo-compulsivo (TOC)

¿Te están molestando los pensamientos incontrolables constantes? ¿Tienes ganas de repetir la misma rutina una y otra vez? ¿Y este tipo de pensamientos te dificultan disfrutar de las cosas que quieres hacer? Si la respuesta a todas estas preguntas es SI, lo más probable es que usted tiene Trastorno Obsesivo-Compulsivo (TOC).

Las personas que sufren de TOC por lo general no pueden hacer otra cosa que sus rituales. Dependiendo de la persona, tales rituales los hacen 'completos'. No hace falta decir, si no logran su ritual o si no hacen una sola de las cosas incluidas en su rutina diaria, por lo general se vuelven muy ansiosos, eventualmente obligándose a repetir toda la rutina una vez más. Algunos pueden pensar que tener una rutina significa ser ordenado. Sin embargo, para aquellos con TOC, esto puede ser algo molesto y afectará sus vidas, así como aquellos que están a su alrededor.

¿Qué es el TOC?

El TOC es un trastorno común crónico en el que la persona involucrada tiene obsesiones y compulsiones incontrolables, haciéndoles sentir la necesidad de repetir el comportamiento una y otra vez hasta que fueron satisfechas.

Algunos de estos comportamientos repetitivos conocidos incluyen la comprobación, el conteo, el lavado de manos o la limpieza. Estos se hacen de forma rutinaria con la esperanza de prevenir o ahuyentar los pensamientos obsesivos. Sin embargo, estas actividades solo proporcionan consuelo o alivio temporal, lo que significa que no hacerlo aumentará la ansiedad de la persona.

A veces, es normal que la gente revise las cosas dos veces para asegurarse de que todo está en orden. Para las personas con TOC, sin embargo, los pensamientos incontrolables los hacen ansiosos, obligándolos a revisar las cosas muchas veces al día. Si no se tratan, estos pensamientos y rutina pueden afectar su forma de trabajo, sus relaciones personales o su comportamiento dentro de su escuela.

Signos y síntomas

Las personas que sufren de TOC pueden tener compulsiones, obsesiones o ambas cosas. Algunos de ellos también tienen un trastorno tic, lo que significa que tienen un gesto repentino que desencadena pensamientos tan perturbadores.

Los tics se clasifican en dos: Motor y Vocal. Los tics motores son movimientos instantáneos, cortos y repetitivos como mugriento, parpadeo, encogimiento de hombros o sacudidas de cabeza y hombro. Los tics vocales, por otro lado, incluyen gruñido, olfateo y limpieza repetitiva de garganta.

Las compulsiones incluyen:

- Limpieza o lavado excesivo de ciertas partes del cuerpo, como las manos y la cara

- Acaparar objetos que normalmente son innecesarios o no tienen ningún valor significativo.

- Revisar las cosas de una manera repetitiva, como asegurarse de que las luces y grifos están apagados o las puertas están cerradas.

- Contar artículos o cosas de forma repetitiva.

- Organizar los artículos de una manera que la persona piensa que está "organizada".

Las obsesiones incluyen:

- Miedo a perder cosas

- Miedo a la contaminación o a tener gérmenes

- Pensamientos no deseados que suelen ser sobre el sexo, la religión, etc.

- Preocupa el daño hacia uno mismo o las personas que les rodean.

Causas del TOC

Los expertos especulan que el TOC puede ser genético o tener un componente genético. Dijeron que a veces se presenta en familias, aunque nadie sabe por qué uno lo tiene, mientras que los otros miembros de la misma familia no lo tienen. El TOC comienza durante la adolescencia y generalmente aparece a una edad más temprana en los niños en lugar de las niñas.

Los expertos también descubrieron que varias partes del cerebro y los procesos biológicos juegan un papel importante en tener un comportamiento compulsivo y pensamientos obsesivos, así como el miedo y la ansiedad junto con él. También dijeron que las personas que experimentaron abuso físico o sexual tienen un mayor riesgo de tener TOC. Algunos niños también pueden desarrollar esto después de sufrir de una infección estreptocócica conocida como Trastorno Neuropsiquiátrico Autoinmune Pediátrico Asociado con Infecciones Estreptocócicas.

Tratamiento

El primer paso en el tratamiento del TOC es que el paciente tenga una charla con su médico o proveedor de salud con respecto a sus síntomas. En este caso, el médico debe realizar un examen y preguntarles sobre su historial de salud para asegurarse de que estos síntomas no son causados por un problema físico. Una vez hecho esto, el médico puede derivar al paciente a un especialista en salud mental para su aclaración.

Dependiendo de la situación, el TOC se trata con Terapia de Comportamiento Cognitivo con o sin medicamentos.

TCC para TOC

La TCC enseña al paciente diferentes formas de comportarse, pensar y reaccionar ante compulsiones y obsesiones.

Se dice que los pacientes se recuperan de la TOC por medio de la Prevención de Exposición y Respuesta (EX/RP), que es una forma específica de TCC. EX/RP funciona exponiendo al paciente a sus obsesiones o miedos y enseñándole consejos saludables para lidiar con la ansiedad que causa su TOC. El entrenamiento de reversión de hábitos, que es otro tipo de terapia, también ayuda al paciente a superar tales compulsiones.

En el caso de los niños, los expertos en salud mental también pueden identificar técnicas de manejo del estrés y apoyo mental para evitar que su TOC se exacerbara dentro de sus hogares o escuelas.

Trastorno de Ansiedad Social (SAD)

Trastorno de Ansiedad Social o Fobia Social es un tipo de trastorno de ansiedad que se caracteriza por una autoconciencia excesiva, así como ansiedad abrumadora cada vez que la persona está involucrada en diversas situaciones sociales. El Trastorno de Ansiedad Social generalmente se limita a cierto tipo de situación, como comer o beber en público o hablar en un ambiente formal o informal. En la peor situación posible, los síntomas relacionados con el trastorno aparecen cada vez que el paciente está con otras personas.

Si tienes mucho miedo de ser juzgado por otros, consciente de ti mismo cada vez que estás con otras personas y has estado experimentando este sentimiento durante al menos seis meses y esto afecta en gran medida tus actividades diarias como el trabajo o el estudio, lo más probable es que experimentar el Trastorno de Ansiedad Social. Si este tipo de miedo o ansiedad se deja sin control, esto puede afectar potencialmente su vida diaria. Sin embargo, a pesar de tener esto, ciertamente no puede impedir que el paciente alcance su máximo potencial. Y con el tratamiento adecuado, eventualmente pueden superar los síntomas.

**Experiencias de personas con Trastorno de Ansiedad Social**

Según los expertos, las personas con Trastorno de Ansiedad Social experimentan miedo cada vez que están dentro de un entorno público con otras personas como el trabajo o la escuela.

Los estudiantes que tienen esto explicaron que su ansiedad aparece durante las clases, lo que les hace temer que su maestro los llame durante las recitaciones, incluso si conocen la respuesta correcta o correcta. El miedo también los hace sentir enfermos y mareados.

Los pacientes adultos, por otro lado, explicaron que su ansiedad les hace sentir odio siendo llamados por su jefe o asisten a una reunión con compañeros de trabajo. Esto también los limita de conocer a otras personas sin importar cuán importante o especial sea el evento al que deberían asistir.

En algunos casos, el paciente aprende a consumir alcohol con la esperanza de disminuir su miedo, lo que eventualmente conduce a la adicción.

Para aquellos con Trastorno de Ansiedad Social, las actividades diarias que las personas normales suelen dar por sentado, como comprar cosas dentro del mercado, les suena a tortura. Incluso comer o beber en público les causa miedo o ansiedad porque piensan que serán juzgados, rechazados o humillados por las personas que los rodean.

El miedo o la ansiedad que sienten durante estas situaciones es tan intenso, haciéndoles sentir que está más allá de su propia capacidad de controlar. Debido a esto, el miedo o la ansiedad que sienten afecta su estudio o trabajo cada vez que aparece hasta que finalmente, deciden que deben aislarse del resto del mundo para escapar de la verguenza.

Algunos pacientes con este trastorno no experimentan ansiedad en situaciones sociales. Sin embargo, sienten los síntomas físicos de la ansiedad por el rendimiento cada vez que necesitan dar algún discurso, tocar un instrumento musical o bailar en el escenario o jugar durante un juego deportivo.

Se dice que el Trastorno de Ansiedad Social comienza en una etapa temprana con personas extremadamente tímidas. Los expertos dicen que afecta a alrededor del 7 por ciento de los estadounidenses en los Estados Unidos y, sin tratamiento; la fobia social puede incluso durar toda la vida y sin duda afectará las actividades diarias del paciente independientemente de la edad.

Signos y síntomas

Siempre que las personas con Trastorno de Ansiedad Social están cerca de otras personas, tienden a experimentar o hacer lo siguiente:

- Sudoración excesiva, frecuencia cardíaca rápida, blushing, así como sus mentes 'en blanco'

- Náuseas o enfermedad estomacal

- Hacer poco o ningún contacto visual, mostrar una postura corporal rígida o rígida o hablar con una voz muy suave o inaudible

- Sentirse muy autoconsciente, avergonzado o incómodo frente a otras personas

- Sentirse asustado y tener dificultades para estar con otras personas, especialmente aquellas que no conocen

- Sentirse paranoicos y temer que otros los juzguen como estúpidos o tener una personalidad aburrida.

Causas

Según los expertos, el Trastorno de Ansiedad Social o la Fobia Social se pueden heredar, aunque ninguno de ellos puede explicar por qué algunos lo tienen, mientras que otros no lo tienen a pesar de ser miembros de la misma familia. También descubrieron que varias partes del cerebro están involucradas en sentimientos de ansiedad, así como miedo. También piensan que la lectura indebida del comportamiento de otras personas, así como su lenguaje corporal, también juega un papel importante en la causa o intensificación de la ansiedad social. Por ejemplo, el paciente puede pensar que las dos personas que hablan entre sí posiblemente están hablando de él. Y si el paciente tiene habilidades sociales subdesarrolladas, tal situación definitivamente aumentará su sensación de ansiedad, eventualmente haciéndole decidir aislarse por completo.

Al estudiar más afondo, así como aprender más sobre el miedo y la ansiedad en el cerebro, los científicos pueden ser capaces de hacer mejores tratamientos en el futuro.

Tratamiento

Al igual que con otros trastornos de salud mental, lo primero que hay que hacer cuando se trata de tratar con el trastorno de ansiedad social es tener a la persona interesada para ser llevado a un médico para un examen adecuado. El objetivo principal del médico asistente aquí es asegurarse de que no hay problemas físicos no relacionados que estén causando tales síntomas.

Una vez confirmado, el médico puede derivar a la persona a un profesional de salud mental como un psiquiatra, psicólogo, consejero o un trabajador social clínico para un examen posterior. Si se hace un diagnóstico completo, se pueden introducir varios tipos de tratamiento dependiendo de la situación en cuestión.

El Trastorno de Ansiedad Social generalmente se trata generalmente por medio de psicoterapia o simplemente "terapia de conversación" junto con la medicación adecuada. Otros tipos de tratamiento generalmente implican hablar con el médico asistente para evitar que el trastorno empeore.

Trastorno de estrés postraumático (TEPT)

Las personas que han experimentado un evento traumático también pueden experimentar desafíos emocionales incluso si dicho evento había tenido lugar hace muchos años.

Es normal que las personas experimenten estos desafíos después del evento traumático, que también disminuye con el tiempo durante su proceso de curación. Para las personas con Trastorno de Estrés Postraumático (TEPT), sin embargo, continúan experimentando desafíos emocionales que eventualmente afectan su vida diaria.

Según los expertos, alrededor de 8 millones de personas en los Estados Unidos se ven afectadas por el TEPT. Esto es causado principalmente por factores como la respuesta emocional en relación con el trauma, el género, etc.

Además de eso, también estimaron que alrededor de 7 a 8 por ciento más probablemente experimentaría TEPT durante su vida. Alrededor del setenta por ciento de los estadounidenses adultos también informaron que experimentaron un evento traumático al menos una vez en su vida. No hace falta decir que no todas las personas que han experimentado un evento traumático en su vida desarrollarán TEPT.

Factores desencadenantes

Según estudios científicos, hay algunos factores que pueden causar que las personas desarrollen TEPT, algunos de los cuales se enumeran a continuación:

- Respuesta emocional durante el evento traumático

- La condición de salud física o mental de la persona

- El tipo de trauma y su intensidad

- Género (las mujeres son más propensas a tener TEPT en comparación con los hombres)

- Edad y Estado Civil

- Experiencia de factores de estrés adicionales después del trauma

Tipos de trastorno de estrés postraumático

Según los expertos, puede haber ciertos determinantes que se pueden utilizar para identificar el TEPT. Usando estos, el TEPT se dice que tiene tres tipos, que son:

Disociativo

El tipo disociativo se refiere a la condición en la que la persona afectada siente que está desconectado del mundo que lo rodea. Es como si el paciente estuviera viviendo fuera de su propio cuerpo mientras experimenta todo

Expresión/Inicio Retardado

Las personas con el especificador de inicio retrasado normalmente no cumplen los criterios para el TRASTORNO de estrés postrasea en un instante. Los criterios, sin embargo, se cumplen al menos seis meses después de que se haya producido el evento traumático. Incluso si la persona podría experimentar el inicio en un momento anterior, los criterios de diagnóstico para los síntomas del TEPT sólo aparecerán después de la marca de seis meses mencionada.

Complejo

Si una persona experimenta casos agudos de trauma, como ser robada a punta de pistola o eventos traumáticos recurrentes como abuso sexual o violencia doméstica, puede estar experimentando el tipo complejo de TEPT.

Síntomas

Incluso si hay muchas personas que han experimentado un evento traumático en su vida, no todos desarrollarán TEPT. En los criterios de diagnóstico del TEPT, uno debe experimentar ciertos síntomas para que sean diagnosticados con precisión. Según los expertos, el TEPT se divide en cuatro grupos diferentes, que son:

Re-experiencia

- Tener pesadillas recurrentes

- Recuerdos molestos recurrentes sobre un evento traumático

- Flashbacks

- Intensos sentimientos de angustia cuando se recuerda a la persona del evento, así como a ser físicamente receptivo.

Evitación

- Mantenerse activamente alejado de lugares que posiblemente le recordarán el evento traumático

- Esfuerzo para evitar sentimientos, pensamientos o conversaciones con respecto al evento traumático

- Mantenerse demasiado ocupado para pensar en el evento traumático

Hiper-arousal

- Sentirse más agitado o tener problemas de ira

- Tener dificultad para concentrarse

- Ser fácilmente sorprendido

- Tener dificultad para dormir o mantener el sueño

- Siempre te sientes cauteloso o de guardia

Pensamientos y creencias negativas

- Llegar a ser distante o distante hacia otras personas

- Tener dificultades para experimentar sentimientos positivos como el amor y la felicidad

- Pérdida de interés en cualquier forma de actividades que te gusten haciendo

Muchos de los síntomas mencionados anteriormente son la respuesta natural de nuestro cuerpo cuando se trata de estrés. En otras palabras, entender el concepto de respuesta de vuelo o lucha es clave para entender los síntomas del TEPT mucho mejor.

Hacer frente al TEPT

Los síntomas del TEPT suelen ser difíciles de enfrentar, lo que resulta en pacientes que recurren a métodos poco saludables como beber alcohol, autolesiones o abuso ilegal de sustancias. Debido a estas cosas, uno debe recordar que es esencial desarrollar o utilizar habilidades de afrontamiento saludables para manejar los síntomas del TEPT.

- Las estrategias de afrontamiento incluyen:

- Manejo de problemas de sueño sin tomar drogas

- Aprender a lidiar con las dificultades de ansiedad

- Identificación de los desencadenantes del TEPT

- Gestionar las disociaciones, así como los flashbacks

- Manejar las emociones de una manera saludable, por ejemplo, el manejo de la ira

Tratamiento

A pesar de que no existe una cura conocida para el TRASTORNO de estrés postraumático, recientemente se descubre que una serie de tratamientos psicológicos son eficaces para controlar o hacer frente a sus síntomas, algunos de los cuales se enumeran a continuación:

La Terapia Cognitiva Conductual (TCC) es un tratamiento que tiene como objetivo cambiar la forma del paciente de evaluar y responder positivamente a situaciones, sentimientos y pensamientos.

La Terapia de Exposición tiene como objetivo reducir la ansiedad del paciente, el miedo, así como su comportamiento de evasión haciéndoles enfrentar plenamente las situaciones traumáticas.

La Terapia de Aceptación y Compromiso tiene como objetivo enseñar al paciente que su sufrimiento no proviene del trauma en sí, sino de sus constantes intentos de evitar el dolor. El objetivo principal en este tratamiento es que la persona acepte de todo corazón la experiencia, junto con su dolor, mientras trata de mantener un estilo de vida saludable y significativo.

La desensibilización y el reprocesamiento del movimiento ocular (EMDR) también son comparables a la terapia hipnótica. Este tipo implica que el paciente preste atención a un estímulo externo como la luz o un péndulo en movimiento mientras piensa en su experiencia traumática. Hacer esto hace que el paciente piense a fondo de maneras positivas de lidiar con su trauma.

TEPT y Niños

Al igual que los adultos, los niños son propensos al trastorno de estrés postraes. Según el Instituto Nacional de Estrés Traumático Infantil (NCTSI), se dice que alrededor de dos tercios de los niños reportaron haber experimentado al menos un evento traumático a medida que alcanzan los dieciséis años de edad. Además de eso, alrededor del doce por ciento de los enfermos físicos y el diecinueve por ciento de los jóvenes lesionados tienen TEPT.

Posibles desencadenantes del TEPT infantil

- Violencia comunitaria o escolar, especialmente Bullying

- Desastres naturales o calamidades

- Abuso Psicológico, Sexual o Físico

- Pérdida repentina y violenta de un ser querido, especialmente de la familia

- Terrorismo

- Accidentes y otros eventos potencialmente mortales

Dado que los niños tienen dificultades para procesar sus experiencias, así como para hacer frente a los traumas emocionales, es esencial que los profesionales de la salud mental permitan a los niños hablar sobre sus experiencias. El apoyo de sus seres queridos también es importante para la recuperación mental y emocional de los niños.

Puede ser una lucha para los seres queridos para apoyar a un paciente con TEPT. Aprender sobre el teptAf, así como sus síntomas es una de las cosas más útiles que un ser querido puede hacer. Ser enfático y familiarizado con la posible experiencia del paciente puede ayudar a los seres queridos a aumentar su comprensión y compasión, haciendo que sea más fácil para el paciente enfrentar y contar a todos acerca de sus desafíos.

Alentar al paciente a buscar ayuda profesional es una tarea importante para el ser querido. Cuanto antes se diagnostique, más temprano será para el paciente someterse a tratamiento y proceso de curación.

También es bueno escuchar atentamente mientras deja que el paciente hable de sus experiencias. Los seres queridos no son esperados por el paciente para arreglar o sanar sus heridas por sí mismos. Permitirles hablar de su corazón sin críticas ni miedo es suficiente.

Fobias

La fobia se refiere a una sensación de miedo intenso que se conecta a ciertos objetos o situaciones. Podría ser miedo a la altitud, espacio cerrado, lugares públicos, etc.

Hay muchos tipos de fobiaespecífica específica, tales como:

- **Claustrofobia** - Miedo a ser confinado en espacios constreñidos

- **Arachnofobia** - miedo a las arañas

- **Emetofobia** - miedo a vomitar

- **Conducir fobia** - miedo a conducir un coche

- **Hipocondria** - miedo a enfermarse

- **Eritrofobia** - miedo a sonrojarse

- **Aerofobia** -miedo a sonrojarse

Una fobia es un tipo de trastorno de ansiedad que hace que un individuo experimente miedo extremo e irracional sobre algo. Podría ser un objeto, un lugar, una situación o una criatura. El miedo que la persona está experimentando existe en su imaginación como es mayor que la amenaza real que representa la causa del terror. Estar expuesto a la fuente de su fobia hace que la persona experimente una intensa sensación de angustia que le impide funcionar normalmente. A veces, esto puede conducir a ataques de pánico.

Un joven con claustrofobia

Capítulo 12

Trastorno de Pánico

Trastorno anic se refiere a la condición de las personas que con frecuencia experimentan ataques de pánico. Un ataque de pánico puede ser una experiencia agotadora, aterradora o ambas cosas y puede ocurrir de la nada o a través de los medios de un cierto gatillo de pánico.

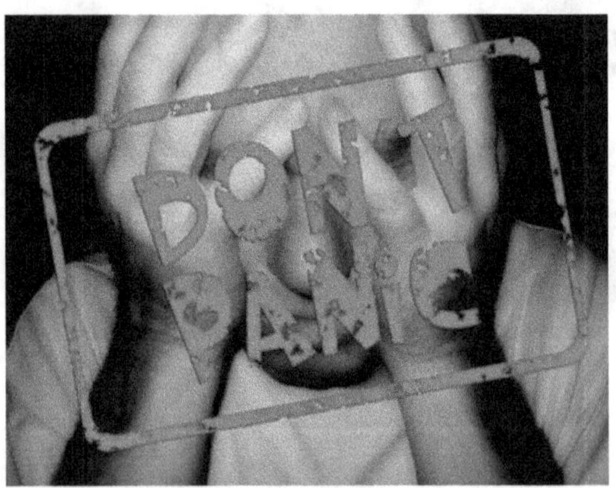

Dependiendo de la persona, puede sufrir síntomas como sudoración excesiva, dificultad para respirar, dolor en el pecho, temblores, la sensación de asfixiarse y, en la mayoría de los casos, el miedo a morir. Esto sucede en cuestión de minutos en los que también pueden aparecer algunos síntomas físicos y psicológicos.

¿Qué es un ataque de pánico?

Si "Trastorno de pánico" se refiere a la afección, un "ataque de pánico" se refiere al síntoma que aparece en una persona que sufre de un trastorno de pánico.

Un ataque de pánico viene en diferentes formas.

- Frecuencia cardíaca rápida

- Abdominal

- Dolores en el pecho

- Sofocos

- Sudoración excesiva

- Mareos

- Náuseas

- jaqueca

- Dificultad para respirar

Los ataques de pánico se experimentan más a menudo a través de una combinación de síntomas físicos y cognitivos que incluyen dolor en el pecho, palpitación del corazón, dificultad para respirar y sudoración excesiva. A menudo percibidos como miedo, los ataques de pánico pueden traer pensamientos angustiosos, incluyendo el miedo a volverse loco, morir o perder el control.

La sensación de miedo asociada con los ataques de pánico a veces es demasiado intensa que puede afectar el comportamiento de una persona. Si una persona tiene miedo de convertirse en un hazmerreír, tendría mucho miedo de hablar en público o para peor, evitará las actividades y funciones sociales. Este tipo de comportamiento puede conducir a la agorafobia donde los pensamientos de miedo inculcados pueden continuar durante un largo período y pueden ser inculcados en los sentidos de una persona. El comportamiento de evitación tiende a reforzar la sensación de miedo.

La TCC ayuda a las personas que evidentemente están mostrando trastorno de pánico y/o síntomas de agorafobia. Cuando está en un ataque de pánico, una persona puede no ser capaz de controlar el aumento de los síntomas, pero con la TCC, estará aprendiendo maneras de hacer frente a estos síntomas

Tipos de ataques de pánico

Hay dos tipos de ataques de pánico, a saber:

- Ataques de pánico esperados

- Ataques de pánico inesperados

Ataques de pánico esperados

Esto sucede siempre que una persona experimenta un ataque de pánico debido a un cierto desencadenante de pánico.

Ataques de pánico inesperados

Tal como su nombre lo indica, el tipo inesperado de repente sucede sin razón. Este tipo puede ser recurrente, lo que significa que la persona puede experimentar esto más de una vez.

Según las estadísticas, alrededor del cincuenta por ciento de las personas en los Estados Unidos sufren de ataques de pánico esperados e inesperados.

Las personas que sufren de trastorno de pánico quieren saber si hay algún tipo de medicamento o técnica que pueda librarse por completo. La verdad es que no existe tal cosa como una cura completa. Sin embargo, los efectos del trastorno de pánico se pueden controlar hasta el punto de que no obstaculizará las actividades de la persona de ninguna manera.

La razón detrás del hecho de que una cura completa es inexistente es porque la cura varía de una persona a otra. Siempre existe la posibilidad de que una cierta cura para una persona no funcione para otra, a pesar de que ambos experimentan los mismos síntomas.

¿Cómo se diagnostica el trastorno de pánico?

La mayoría de las personas que sufren de ataques de pánico por primera vez generalmente creen que tienen un paro cardíaco. En tales casos, el médico realizará varias pruebas, como un electrocardiograma (ECG) y análisis de sangre para comprobar si los síntomas son causados por un ataque cardíaco. Si el resultado es negativo, el médico derivará al paciente a un psiquiatra para un examen de salud mental, que a su vez preguntará sobre los síntomas. Este examen confirmará si el paciente tiene un trastorno de pánico o no.

Terapia cognitiva conductual para el trastorno de pánico

Si se diagnostica un trastorno de pánico, el profesional de salud mental (por ejemplo, un psiquiatra o psicólogo) puede ayudar al paciente a desarrollar maneras de afrontar lo largo o adaptarse al problema. Se pueden utilizar diferentes tipos de psicoterapia, uno de los cuales es e Terapia Cognitiva Conductual o TCC.

La TCC es un método o técnica terapéutica que es utilizada por los terapeutas para hacer que sus pacientes se adapten lentamente a sus propios miedos, enseñándoles a relajarse mientras tratan de hacer frente a la extrema sensación de miedo que conduce al aumento de un ataque de pánico.

Por ejemplo, si el ataque de pánico de una persona se desencadena con solo ver un cuchillo, el terapeuta puede comenzar mostrándote simplemente una imagen de un cuchillo o un cuchillo real, dependiendo de la situación. El objetivo principal aquí es que el paciente se someta a un ataque de pánico como parte de una sesión terapéutica.

Mientras experimentas un ataque de pánico, el terapeuta puede indicarte que notes tu tensión de una manera detallada, permitiéndote observar toda la situación con más cuidado. Durante unas pocas sesiones, el terapeuta expondrá gradualmente al paciente más a su miedo mientras le enseña a relajarse y mantener su calma mientras reviven toda la experiencia. El paciente también está obligado a hablar honestamente sobre sus sentimientos durante la experiencia. Dependiendo de las respuestas conductuales, el terapeuta puede detener, repetir o progresar el tratamiento a un nivel completamente nuevo.

Junto con la TCC, el terapeuta puede recomendar medicamentos o técnicas de autoayuda como el registro en diario, ejercicios de relajación y una nutrición adecuada al paciente.

Las personas que sufren de trastorno de pánico son generalmente propensas a la negatividad, así como a creencias deprimentes que reducen significativamente su autoestima y confianza. El ataque de pánico, que es un síntoma importante del trastorno de pánico, se asocia con el miedo y el pensamiento negativo.

Las personas con trastorno de pánico sufren con frecuencia de ataques de pánico que es una mezcla de síntomas cognitivos y físicos. Los síntomas psicosomáticos incluyen palpitaciones, hiperventilación, sudoración excesiva y dolor en el pecho. Junto con pensamientos angustiosos como volverse loco, perder el control y sentir se moribundo, estos síntomas son aterradores y podrían confundirse con un ataque al corazón.

Los temores junto con los ataques de pánico podrían intensificarse y afectar negativamente el comportamiento de la persona en su conjunto. Por ejemplo, las personas que tienen esto pueden comenzar a tener miedo de experimentar un ataque de pánico mientras están frente a otras personas, por lo que evitan a los demás por completo. Al principio, esto puede parecer una medida preventiva para la persona en cuestión. Sin embargo, a medida que pasa el tiempo, este comportamiento sólo reforzará sus temores, lo que eventualmente resultará en otra condición conocida como agorafobia.

A pesar de que la TCC puede no hacer que los pacientes puedan controlar la situación cada vez que tienen un ataque de pánico, sin duda les ayudará a hacer frente cuando aparezcan los síntomas. También ayudará a los pacientes a lograr cambios duraderos a través de un proceso de dos partes.

El proceso de la TCC

Uno de los objetivos del tratamiento cognitivo-conductual es ayudar a las personas deprimidas a superar el patrón de pensamiento negativo para que pueda tomar mejores decisiones que serán las bases de sus acciones y comportamientos.

Generalmente, las personas que sufren de trastorno de pánico más a menudo se centran en pensamientos negativos y creencias contraproducentes que les llevan a desarrollar baja estima y aumento de la ansiedad. A partir de ahí, los ataques de pánico pueden surgir en cualquier momento. Un ataque de pánico es el principal signo de un trastorno de pánico.

Para tratar a las personas con síntomas de depresión, tienen que someterse al proceso de TCC. Estos son los pasos involucrados en el proceso de tratamiento de la TCC

Reconocimiento y reemplazo de pensamientos negativos

Para comenzar con el Tratamiento Cognitivo Conductual, el terapeuta primero ayudará al paciente en la identificación de sus patrones de pensamiento, especialmente sus cogniciones negativas. Por ejemplo, el terapeuta puede indicar al paciente que describa cómo piensa de sí mismo o del mundo y sus sentimientos cada vez que experimenta un ataque de pánico. Al prestar atención a sus pensamientos, el paciente será capaz de comenzar a reconocer sus propios patrones de pensamiento y cómo estos patrones influyen en su propio comportamiento.

El terapeuta puede utilizar diversas actividades y ejercicios para ayudar al paciente a tomar conciencia de sus pensamientos negativos y ayudarlo a encontrar maneras de tener un pensamiento saludable. Además de eso, la tarea también puede ser asignada al paciente entre sesiones para ayudarle a analizar su comportamiento más y eliminar pensamientos erróneos o negativos.

Junto con la tarea, los ejercicios de escritura pueden ser eficaces cuando se trata de superar los patrones de pensamiento negativo. Tales ejercicios se utilizan para aumentar la autoconciencia y eliminar los pensamientos negativos.

Algunos ejercicios de escritura de TCC incluyen escribir un diario de ataque de pánico, un diario de experiencia, así como un diario de gratitud.

Desarrollo de habilidades y comportamientos cambiantes

El siguiente paso en el proceso de TCC consiste en desarrollar estrategias de afrontamiento para cambiar o reemplazar el comportamiento negativo. En esta etapa, el paciente aprenderá a alcanzar habilidades que ayuden a manejar la ansiedad, reducir el estrés y, sobre todo, superar los ataques de pánico. Estas habilidades se pueden practicar durante una sesión haciendo que el paciente pase por un ataque de pánico. También es importante que el cliente practique nuevos comportamientos fuera de las sesiones terapéuticas.

Desensibilización

La desensibilización también es un procedimiento común de TCC que ayuda al paciente a superar los comportamientos de evitación más allá. Mediante el uso de esto, el terapeuta introduce gradualmente al paciente a varios desencadenantes de ansiedad mientras que la enseñanza al paciente cómo hacer frente a sus propios sentimientos de ansiedad. A medida que la sesión avanza, el paciente también se introduce en los desencadenantes de ansiedad más intensos hasta que puede desarrollar maneras de superar los síntomas del ataque de pánico.

Técnica de relajación

Para ayudar al paciente a mantener una mente tranquila durante las sesiones, las técnicas de relajación también son enseñadas por el terapeuta. Estas habilidades ayudan al paciente a reducir su tensión, normalizar su ritmo cardíaco, manejar sus miedos y mejorar sus habilidades para resolver problemas. Las técnicas comunes de relajación de la TCC incluyen yoga, meditación, respiración profunda y ejercicios de relajación muscular progresiva.

Al ser una de las formas más utilizadas de terapia mental, la TCC ayuda a reducir los síntomas del ataque de pánico por sí sola. Sin embargo, los medicamentos y otras formas de tratamiento se incluirán dependiendo de lo que sea beneficioso para el paciente.

Cuestionario de guía para los informes de pensamiento/ataque de pánico

Situaciones	Síntomas físicos	Emociones	Pensamiento o o imágenes inútiles	Respuestas a los pensamientos	Resultado
¿Qué desencadena el ataque de pánico?	Subrayar o rodear la sensación más aterradora	¿Cuál fue la emoción? Tasa de intensidad de la emoción (0-100%)	Escribe pensamientos o imágenes más inútiles o angustiosos ¿Cuánto crees ese pensamiento? 0-100%	¿Cuál sería una perspectiva racional y más equilibrada? ¿Cuánto crees en esta perspectiva diferente? 0-100%	¿Qué hiciste? ¿Qué fue útil? Describir la emoción (una palabra) Re-tasa de intensidad de la emoción 0-100%
¿Qué estaba pasando? ¿Con quién? ¿Dónde? ¿Cuando? ¿Qué estabas haciendo?	¿Qué sentiste en tu cuerpo? ¿Dónde lo sentiste? Lista rinde a todos: por ejemplo. palpitaciones del corazón, dolor en el pecho, sin aliento, asfixia, náuseas, mareos, caliente, sudoración, temblores	Describa la emoción en una sola palabra (miedo, pánico, ansiedad, terror, etc.)	¿Qué fue lo peor que pensaste que podría pasar? ¿Qué sería lo peor de eso?	¿Es un hecho o una opinión? ¿Hay otra forma de ver esto? ¿Qué haría alguien más de esto? ¿Qué consejo le daría a un amigo? ¿Mi reacción es proporcional? ¿Es el problema de que algo terrible va a suceder- o es mi creencia de que algo terrible va a suceder que está causando síntomas físicos de ansiedad?	¿Cuáles son las consecuencias de actuar de esta manera? ¿Qué será lo que más ayudará? ¿Qué sería lo mejor que puedo hacer por mí y por esta situación?

Fuente: www.gethelp.co.uk

Capítulo 13

Agorafobia

La agorafobia es una afección en la que el paciente tiene miedo de tener un ataque de pánico en una situación en la que podría ser embarazoso o desafiante o ambos escapar. Este tipo de miedo a menudo conduce a varios comportamientos de evitación persistentes, haciendo que el paciente se mantenga alejado de situaciones y lugares donde su ataque de pánico podría ocurrir. Algunas situaciones comúnmente evitadas incluyen salir de su propia habitación, conducir o alojarse dentro de un coche, viajar en avión, ir de compras a un centro comercial, ir a una fiesta o simplemente estar en una zona concurrida.

Debido a estos comportamientos de evitación, la vida de una persona que tiene agorafobia generalmente se sabe que es aíslante y muy restrictiva. Sabiendo esto, tal condición afecta en gran medida la vida personal y profesional, así como sus actividades. Los mayores temores y comportamientos de evitación hacen que un paciente encuentre dificultades cuando se trata de trabajar, viajar o visitar a sus familiares y amigos. Incluso la simple tarea de ir a la tienda con el fin de comprar algo se convierte en una tarea extremadamente difícil para ellos. En casos extremos, el miedo y la evasión pueden llegar a ser tan graves que la persona agorafóbica se convierte literalmente en un encierro, secerrándose dentro de su propia casa.

Síntomas y tratamiento de la agorafobia

Es una posibilidad para una persona con trastorno de pánico para obtener también diagnosticado con agorafobia. También es posible que un agorafóbico no tenga antecedentes de tener un trastorno de pánico. Los médicos y otros profesionales de la salud mental utilizan los criterios del Manual Diagnóstico y Estadístico de los Trastornos Mentales (DSM) para determinar el diagnóstico más adecuado.

¿En qué se diferencia de otras fobias?

Sin la ayuda de un profesional de salud mental, la agorafobia se puede confundir fácilmente con otros tipos de fobia. Por ejemplo, un agorafóbico puede evitar los viajes en avión debido al miedo a tener un ataque de pánico mientras está dentro del avión, no porque estén sufriendo de aerofobia. Sin embargo, aquellos sin conocimiento pueden pensar lo contrario.

Al mismo tiempo, el agorafóbico también puede evitar lugares concurridos debido a su temor a tener un ataque de pánico frente a otras personas. También podría estar equivocado que el paciente está sufriendo de un trastorno de ansiedad social. En tal caso, un examen exhaustivo de salud mental en el paciente es la única manera de distinguir la agorafobia de este último.

¿Se puede diagnosticar la agorafobia en un paciente sin trastorno de pánico?

A pesar de ser una ocurrencia rara, es posible que un agorafóbico no tenga antecedentes de tener un trastorno de pánico. En tal caso, el paciente no tiene miedo de tener un ataque de pánico en toda regla mientras está en público. Lo que suelen temer es que pierden el control de sí mismos y de la situación al tener síntomas físicos aterradores o perturbadores como una migraña grave, vómitos o excretar en público.

¿Qué tan frecuente es la agorafobia hoy en día?

Según los expertos, es probable que entre un tercio y la mitad de los que sufren de trastorno de pánico desarrollen agorafobia. Según el Instituto Nat'l de Salud Mental, la agorafobia afecta hasta el .8 por ciento de los adultos en los Estados Unidos cada año. Esta afección puede aparecer tan pronto como la etapa adolescente y se desarrolla en la edad adulta.

Es tratable la agorafobia

Si una persona con trastorno de pánico desarrolla agorafobia, los síntomas suelen aparecer en el primer año cuando comenzaron a experimentar ataques de pánico recurrentes. Si no se trata, la agorafobia puede empeorar. Con el fin de manejarlo junto con los síntomas del trastorno de pánico, es necesario que la persona busque ayuda profesional tan pronto como sea posible después de que aparezcan los síntomas.

El tratamiento para la agorafobia generalmente incluye psicoterapia junto con medicamentos recetados. El proceso también puede incluir desensibilización sistemática, que requerirá que el paciente se enfrente lentamente a las situaciones que normalmente evita. La mayoría de las veces, el paciente se enfrenta a la situación mucho mejor si es ayudado por un amigo o familiar de confianza.

Con el apoyo adecuado de la familia y los amigos junto con el tratamiento profesional, un agorafóbico puede comenzar a manejar su condición. A través de la psicoterapia y la medicina, el paciente eventualmente sufrirá de sus ataques de pánico con menos frecuencia, lo que conduce a comportamientos de evitación menores y un estilo de vida más activo y saludable.

Conclusion

Terapia Cognitiva, cuando se fusiona con la terapia conductual demuestra ser más eficaz que el tratamiento usando medicamentos aluno. A medida que el individuo se da cuenta o reconoce su propio pensamiento negativo y creencias defectuosas como las principales causas de su problema de comportamiento, comienza a pensar positivamente. El mero hecho de que sea consciente de lo que está sucediendo en él y tenga la intención de hacer un cambio es evidencia de su pensamiento positivo. Este es un cambio importante de su patrón de pensamiento anterior.

Debido a la meta de la TCC y a la ejecución orientada a la acción, tanto el terapeuta como la persona con trastornos del comportamiento colaboran por igual en la exploración y ejecución de técnicas eficaces que pueden desafiar el pensamiento del individuo y, finalmente, conducir a su Acciones.

Al abordar pensamientos, emociones y comportamientos que contribuyen al desarrollo y mantenimiento de problemas psicológicos, TCC busca ofrecer un enfoque holístico para la atención de salud mental. En pocas palabras, la TCC requiere dos actividades básicas: aprender y hacer algo basado en lo que has aprendido.

Bajo el paraguas de la TCC, REBT es también un enfoque eficaz a medida que la persona con el trastorno se da cuenta de que él solo tiene la responsabilidad de cambiar su percepción de las cosas y situaciones en respuesta a los desencadenantes que desafían su pensamiento. El tratamiento está facultado a través de sus elecciones para que el tratamiento de la TCC tenga éxito; la persona debe estar dispuesta a comprometerse con el tratamiento del enfoque y la estructura proactivos.

En resumen, Terapia Cognitiva Conductual puede ser eficaz no sólo para el tratamiento de diversos trastornos psicológicos, sino que también puede ayudar a mantener la atención mental a través del manejo del estrés. La adopción de la TCC puede tener sus ganancias a largo plazo, pero se debe tener cuidado al seleccionar el terapeuta.